Ursula Lassert

Das große Trainingsbuch

Deutsch 3. Schuljahr

Der komplette Lernstoff mit Lösungen

Klett Lernen und Wissen

Inhalt

C Aufsatz

Hallo, liebe(r) ______________________________!
(Trage hier deinen Namen ein.)

In diesem Buch findest du alles, was du am Ende des 3. Schuljahres im Fach Deutsch wissen solltest. Natürlich musst du nicht in jedem Fall das gesamte Buch durcharbeiten. Du suchst dir einfach das aus, was du noch nicht so gut kannst. Das übst du dann so lange, wie du Lust dazu hast. Im Lösungsheft kannst du anschließend nachschauen, ob du es richtig gemacht hast.

Wenn du erst wissen möchtest, was du kannst und was nicht, beginnst du am besten mit einem der **Tests**. Hier kannst du genau feststellen, was du noch üben solltest.

Unsere kleinen, lustigen Drachen begleiten dich auf allen Seiten und geben dir verschiedene Hinweise. So zeigen sie dir z. B., welchen Text du dir diktieren lassen kannst, damit du auch im **Diktatschreiben** fit wirst.

Das Übungsbuch hilft dir, dich gut auf die 4. Klasse vorzubereiten.

Viel Spaß und Erfolg!

In diesem Buch werden deutsche Bezeichnungen gebraucht wie *Namenwörter*, *Zeitwörter* oder *Eigenschaftswörter*. Eine Liste am Ende des Bandes zeigt dir, wie du noch dazu sagen kannst und wie die lateinischen Begriffe lauten.

1. Wörter mit b und d

Im Urlaub machen Jeron und Mia bei einem Malwettbewerb mit. Sie malen ein Bild vom Strand mit viel Sand, hübschen Burgen und ihrem kleinen Hund, der so gerne Löcher gräbt. Außerdem malen sie wilde Kinder, die alle Leute nass spritzen und Boote, die im Wasser treiben.

Sie bekommen den ersten Preis, 25 €. Dafür kaufen sie sich zwei spannende Bücher.

1 Unterstreiche im Text die Wörter mit *D/d* blau und die Wörter mit *B/b* rot.

2 Welche Wörter mit *b* am Wortende haben sich in dieser Schlange versteckt?

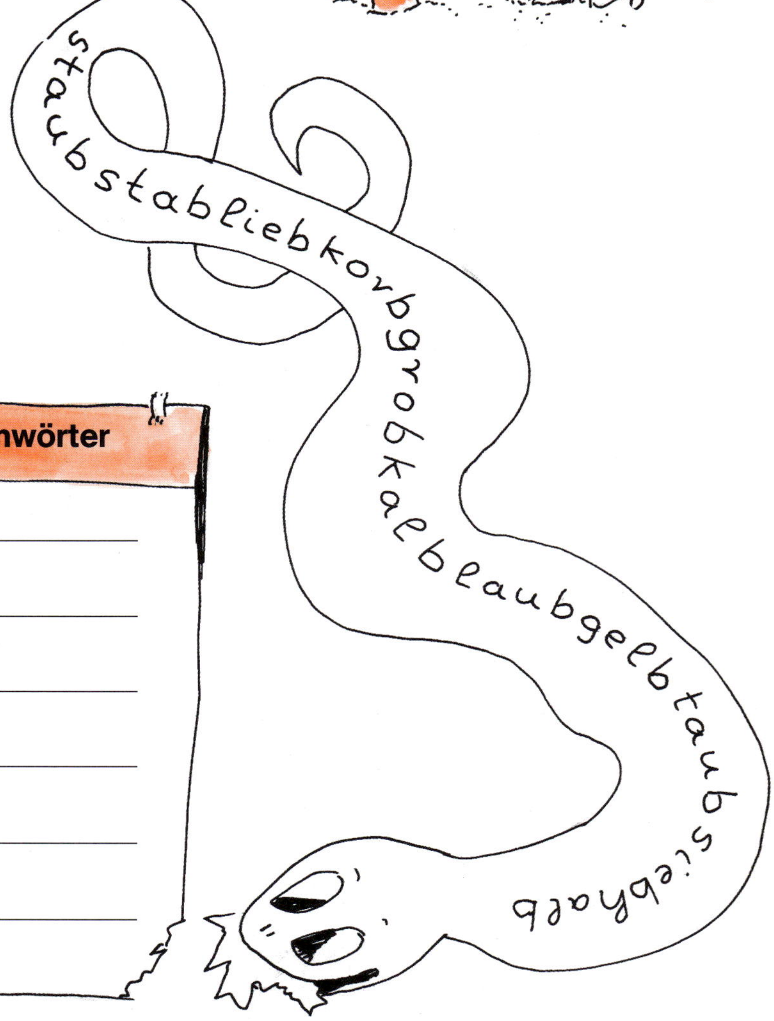

Eigenschaftswörter	Namenwörter

3 Ergänze das passende Wort.

Im Stall steht nur ein ______________, aber auf der Wiese weiden drei Kälber. Peter trägt einen leichten ______________, aber Lisa trägt zwei schwere Körbe. Ihr gehört ein liebes Kätzchen, das Peter gar nicht ______________ findet.

4 Suche Reimwörter.

geschwind
W ______
K ______

gesund
M ______
r ______

Held
F ______
G ______

Bad
R ______
Pf ______

Land
W ______
St ______

5 Wie ist der letzte Buchstabe, *d* oder *t*?

gesun__ – ein __________er Junge

run__ – der __________e Turm

bun__ – der __________e Ball

blon__ – das __________e Mädchen

blin__ – ein __________es Hündchen

al__ – ein __________er Mann

das Klei__ – die __________er

der Wal__ – die __________er

der Or__ – die __________e

das Pfer__ – die __________e

der Stif__ – die __________e

Das Verlängern verrät dir den letzten Buchstaben des Wortes:

wil**d** – der wil**d**e Löwe
bun**t** – das bun**t**e Band
gel**b** – das gel**b**e Tuch
plum**p** – der plum**p**e Clown

2. Wörter mit s und ß

1 Ordne die Wörter.

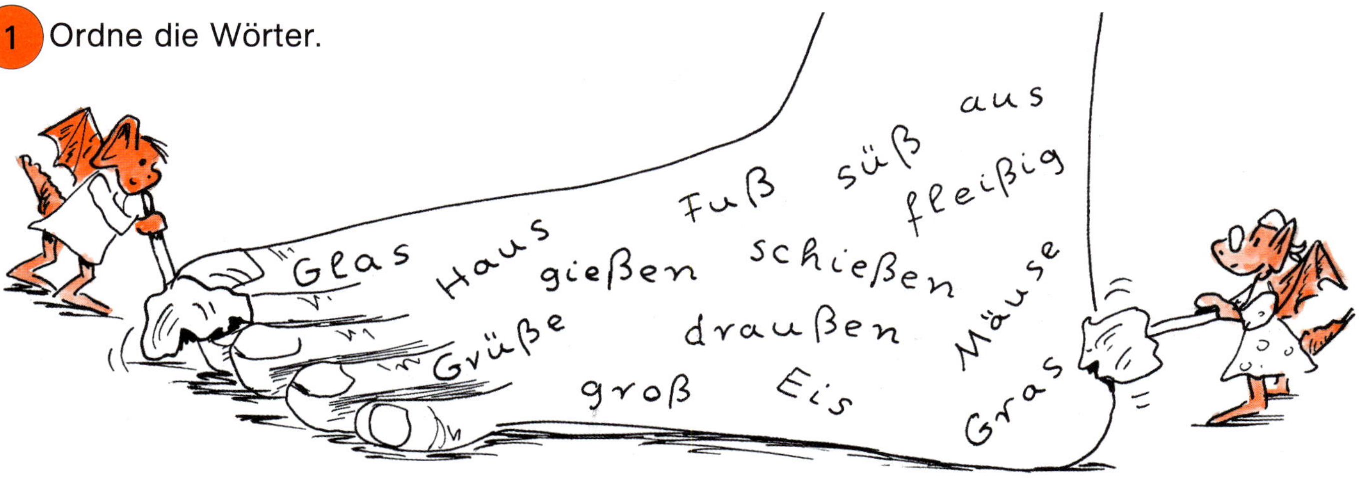

Wörter mit s **Wörter mit ß**

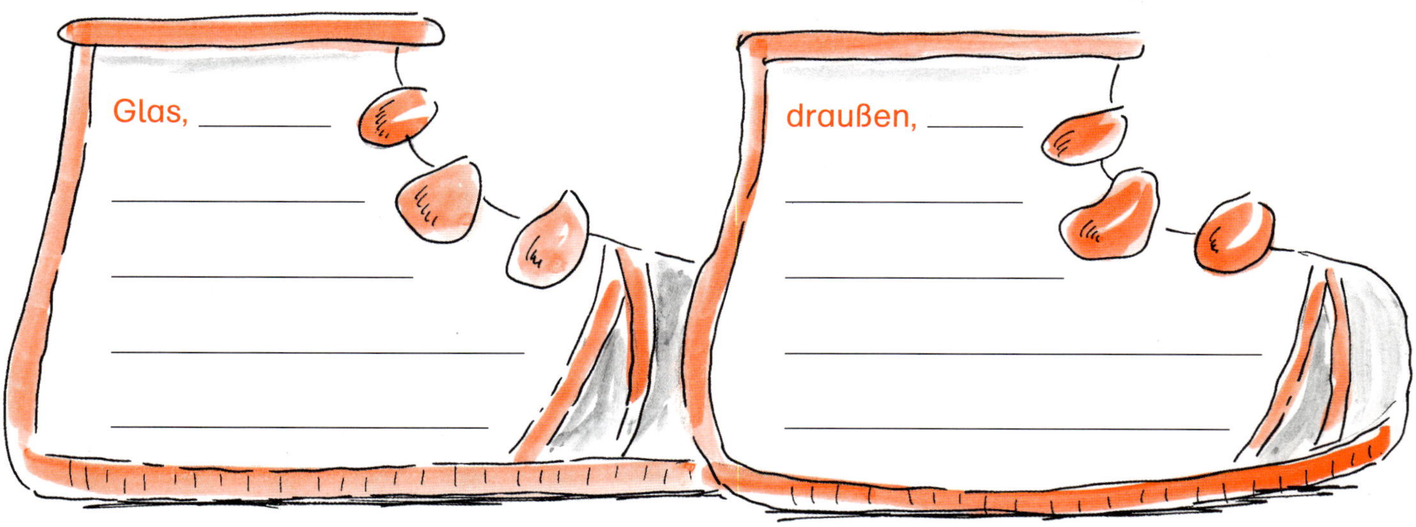

2 Lies die Wörter bei Aufgabe 1 laut, und mache einen Strich unter die langen Selbstlaute vor *s* und *ß* und unter die Doppellaute.

3 Ordne die Wörter, die sich auf diesem Tier befinden.

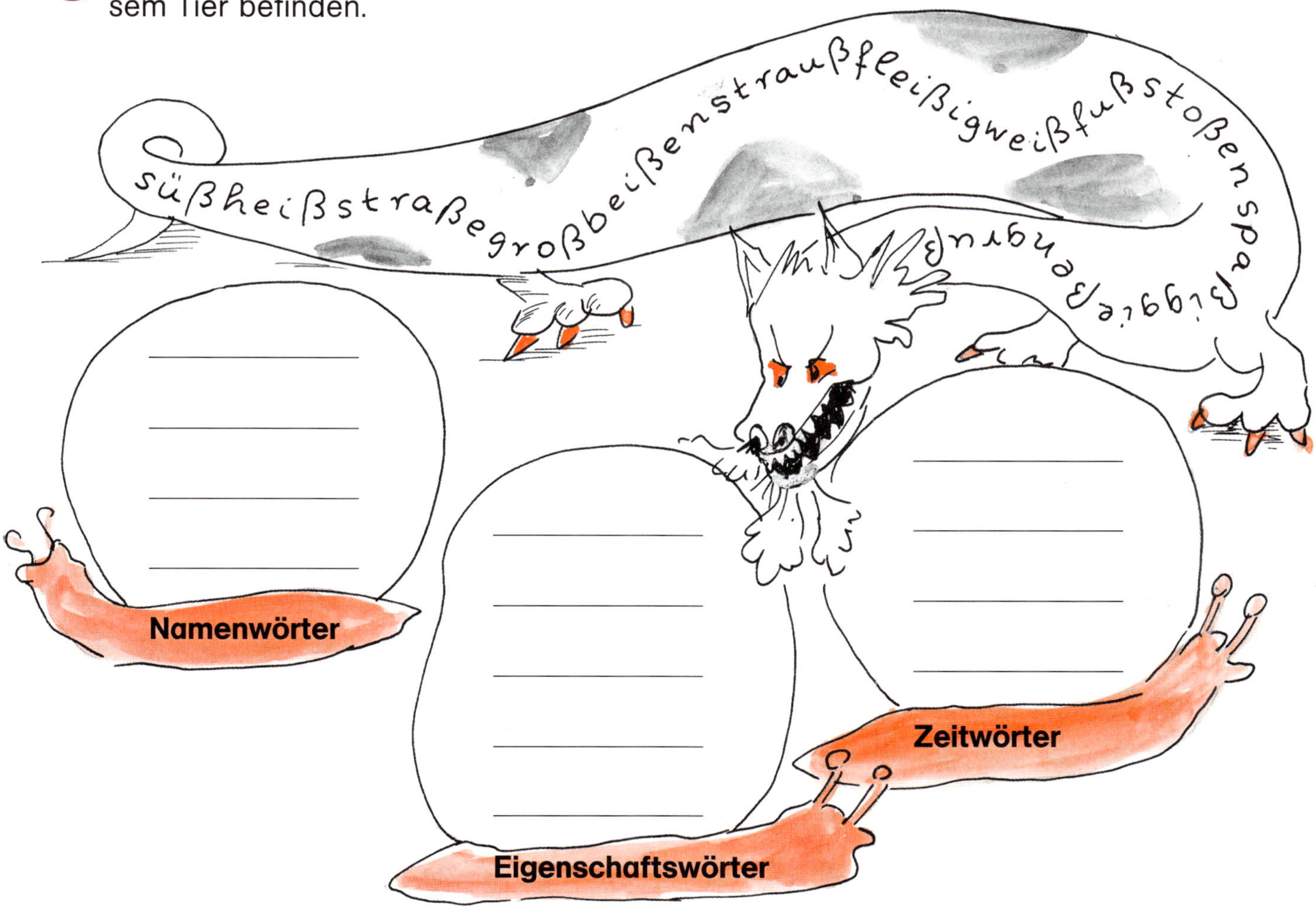

4 Ergänze *ß*.

Flei__ drei__ig Gru__ versü__en schlie__en

Rei__verschluss Spa__ zerrei__en

5 Ordne die Wörter aus Aufgabe 4 dem Alphabet nach.

1. ______________ 2. ______________

3. ______________ 4. ______________

5. ______________ 6. ______________

7. ______________ 8. ______________

3. Wörter mit g

Jürgen sitzt am Ufer und angelt. Seine Finger sind schon ganz steif von der bissigen Kälte. Angeln ist doch ziemlich schwierig. Er ist schon fast traurig, als plötzlich die Angel zuckt. Juchhu, da fängt er einen großen, dicken Fisch! Jetzt macht das Warten wieder mehr Spaß. Bald ist der Nachmittag vorbei. Er packt seine Sachen zusammen und geht eilig nach Hause.

1 Mache einen gelben Klecks auf alle Wörter mit *g*.

2 Ordne die Wörter aus dem Text hier ein.

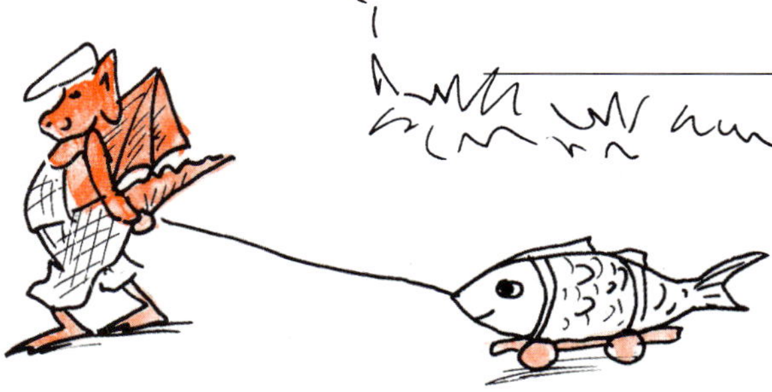

3 Suche Reimwörter.

bang	Zwerg	Krug	Teig	Weg	arg
l______	B______	kl______	Zw______	St______	S______

4 Wie heißt die 3. Person Einzahl?

singen – er singt
fragen – er ______
tragen – ______
fangen – ______

liegen – sie ______
hängen – sie ______
wiegen – ______

5 Hier darfst du selbst Eigenschaftswörter zaubern, indem du ein *-ig* anhängst.
Beispiel: Berg – bergig

______
______
______
______
______
______

6 *ch* oder *g*?

bissi__ – ein ______ Hund
wichti__ – eine ______ Nachricht
gefährli__ – eine ______ Fahrt
eili__ – ein ______ Brief
lusti__ – eine ______ Geschichte
herrli__ – ein ______ Tag

Es hilft, wenn du die Wörter verlängerst!

4. Wörter mit ss

Leo, Kati und die anderen Kinder haben gerade ihr Frühstück aufgegessen, als die Lehrerin sagt: „Wusstet ihr schon, dass Susi uns morgen verlässt? Lasst uns ein schönes Lied für sie singen! Fasst euch bei den Händen, und macht einen großen Kreis." „Hoffentlich vergisst du uns nicht so schnell!", ruft Leo.

1 Unterstreiche die Wörter mit *ss*.

2 Sprich die Wörter mit *ss* laut. Setze dann einen Punkt unter den kurzen Selbstlaut davor.

3 Wie muss es heißen?

essen:	Peter isst eine Banane.
fressen:	Das Pferd ________ gerne Heu.
vergessen:	Lena ________ oft ihre Sachen.
messen:	Greta ________ die Tischkante.

4 Suche Reimwörter.

Fluss	Fass	Ross	Tasse	Rüssel
K ______	n ______	Schl ______	G ______	Schl ______
N ______	bl ______		M ______	Sch ______
Schl ______				

Nach einem kurzen Selbstlaut steht **immer** *ss*.

5. Wörter mit qu

Silke lag quer im Flur. Das war ziemlich unbequem. Aber was sollte sie machen? Schließlich spielte sie gerade eine Qualle, die vom Meer an den Strand gespült worden war. Hoffentlich würde sie bald von dieser Qual erlöst! Ja, da kam schon die Rettung, eine Welle in der Gestalt ihres Bruders. Und vorsichtig rollte Stefan seine Schwester ins Wohnzimmer. Gerettet!

1 Unterstreiche im Text die Wörter mit *Qu/qu*.

2 Bilde Wörter mit *Qu/qu*.

a) ____________________

b) ____________________

c) ____________________

d) ____________________

e) ____________________

f) ____________________

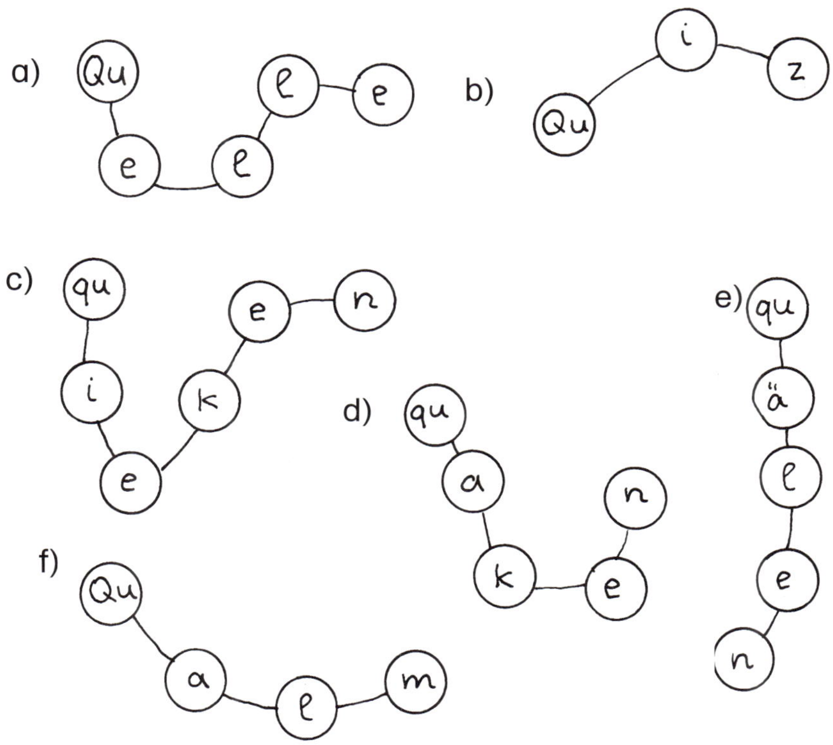

3 Schreibe so:

quieken – Das Schwein quiekt.

quietschen – Die Bremse ______________.

quetschen – Sie ______________ eine Zitrone aus.

quälen – Er ______________ die Tiere.

qualmen – Der Ofen ______________.

Bei den Wörtern mit *Qu* und *qu* hören wir *kw*, schreiben aber *qu*.

6. Lange Selbstlaute mit Kennzeichnung

1 Bilde Wörter mit *aa*, *ee* oder *oo*.

	T	M	
L			R
B			T
	R	R	

	P	H	
S			L
S			T
	R	R	

	M	Z	
M			S
B			T
	R		

2 Schreibe die elf Namenwörter aus Aufgabe 1 hier mit ihrem Begleiter auf.

der Teer

3 Hier findest du in jeder Reihe drei Wörter mit *-h*. Schreibe sie jeweils daneben.

klkahnnmjhgbahnklüipzahlfdx

uimzehnhlehrerdsgtlphjnmehl

ysohledfwhbohnetzuiofohlenp

tkouhrpwrqhuhnswqtzstuhlzk

Doppelte Selbstlaute und Selbstlaute vor einem *h* werden **lang gesprochen**.

7. Wörter mit ie

1 Ordne die Wörter mit dem langen *i*.

Rosine spielen wir viele mir ihn ihr ihm ihre Tiger Biene Kino hier Zwiebel Juli lieb Fieber Tier ihnen

i

ie

ih

2 Schreibe die Wörter mit *ie* aus Aufgabe 1 hier dem Alphabet nach auf.

1. ____ 2. ____ 3. ____ 4. ____

5. ____ 6. ____ 7. ____ 8. ____

3 Suche Reimwörter.

Biene Sch ____	Wiese R ____	Bier v ____	er schrieb sie bl ____	tief sch ____
Fliege W ____	sieben sch ____			

Das lange *i* schreibt man **meistens** *ie*.

8. Wörter mit pf

1 Ordne die Wörter.

Pfeifen Zipfel Pfanne Pfeil Dampf stumpf Knopf Zopf Pflaume impfen tapfer Dämpfe

2 Kannst du das schwierige Silbenrätsel lösen?

Bergspitze a) Gipfel

Schiff b) ____________

Geldstück c) ____________

Reittiere d) ____________

Kleidungsstück e) ____________

Hundefuß f) ____________

Küchengerät g) ____________

eine beliebte Frucht h) ____________

fest auftreten i) ____________

Pfer	Damp	fe	Pfen
fen	nig	~~Gip~~	de
Strümp	fel	Pfo	ne
fer	stamp	~~fel~~	
Ap	Pfan	te	

Hier hilft deutliches Sprechen!

9. Wörter mit chs und x

Sechs kleine Hexen wollen die Meeresnixe Evi besuchen. Sie verabschieden sich von ihren Nachbarn, einer Fuchsfamilie. Dann wechseln sie schnell ihre Schürzen, streichen Bienenwachs auf ihre Hexenbesen, setzen sich darauf und sausen los. Am Waldesrand steigen sie um in ein Taxi und ab geht es zum Meer. „So ein Ortswechsel muss ab und zu einfach sein," kichert die Hexe Trixi.

1 Unterstreiche die Wörter mit *x* blau und die Wörter mit *chs* rot.

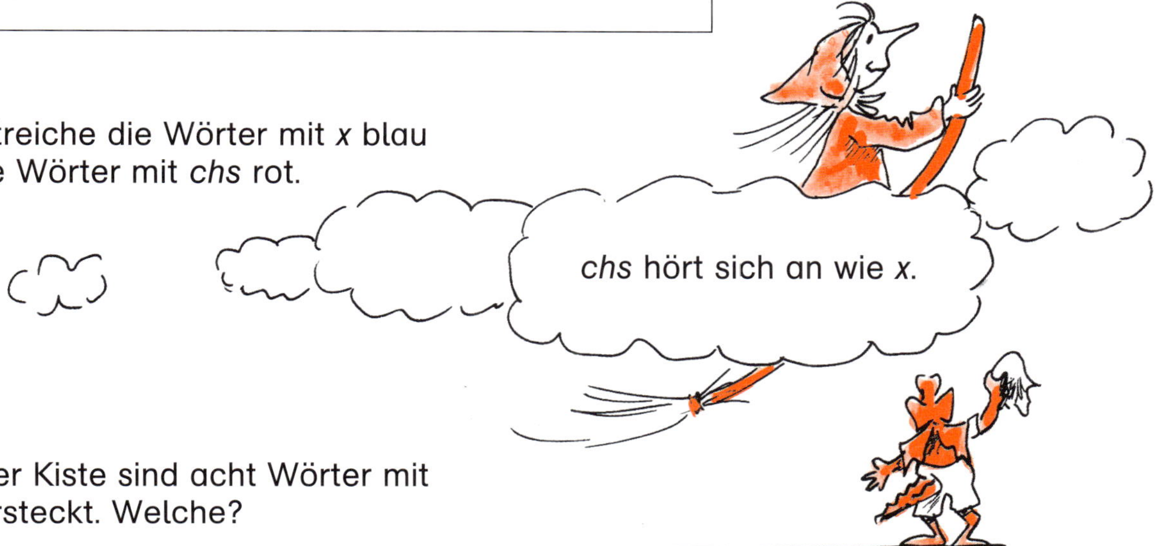

2 In dieser Kiste sind acht Wörter mit *chs* versteckt. Welche?

sechs, ______________________

____

____

____

____

fffkkklllTTTrrsechsnb
chhakliOOBüchseOP
cchDachsdswDdhzklp
khjugsdeLuchsüPHnn
akllnnmfOchseffggddl
xycdsTwechselnknbvc
ffhnbFFFHFuchsknllkl
fgvdhenwachsenhbjkg

3 Bilde zusammengesetzte Wörter.

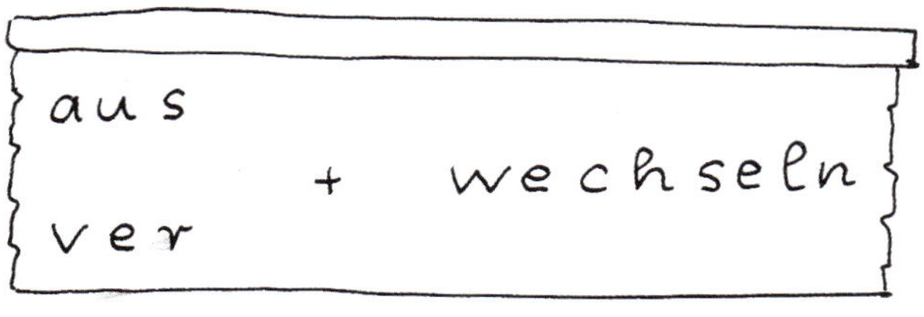

____

____

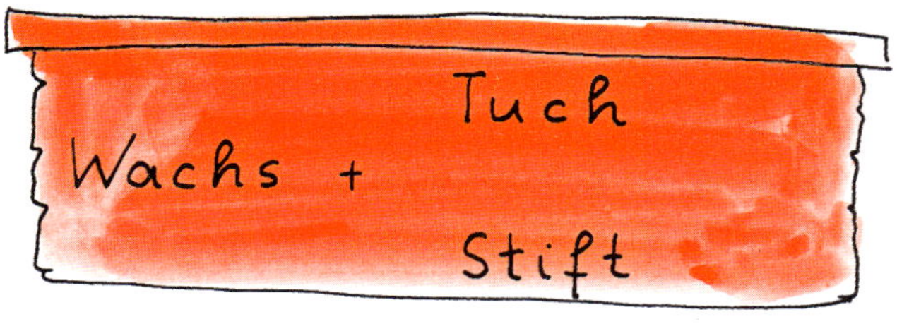

____

____

10. Wörter mit Umlauten

1 Verbinde die verwandten Wörter.

Krüge Flug hohl froh Bäuerin fröhlich Höhle Flügel Krug lachen Ärmel lächeln Bauer Arm

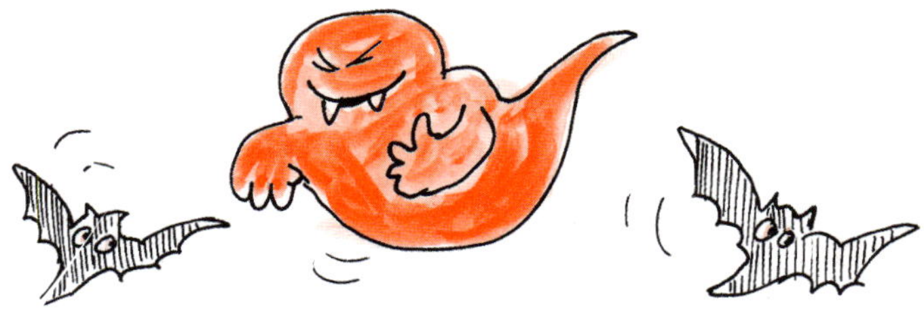

2 Schreibe diese Wortpaare auf.

Krüge – Krug

____________________ ____________________

____________________ ____________________

____________________ ____________________

3 Wie heißt das passende Zeitwort?

Traum – ____________ Hut – ____________

Trost – ____________ Qual – ____________

Gruß – ____________ Farbe – ____________

Strom – ____________ Schaum – ____________

4 Welches Namenwort gehört zu diesen Eigenschaftswörtern?

brüderlich – ________ wütend – ________

hohl – ________ nötig – ________

kräftig – ________ gefährlich – ________

11. Wörter mit ä und äu

Plopp! Sanft landete ein Ufo neben meinem Apfelbäumchen. Ein grünes Männchen stieg aus. Freundlich winkte es mit seinen kleinen Ärmchen zu mir herüber. Es hatte lila Händchen und gelbe Äugelchen. Auf seinem Näschen leuchtete ein roter Fleck. Es kam auf mich zu, zog sein Jäckchen aus und schenkte es mir. Bevor ich ihm danken konnte, war es verschwunden.

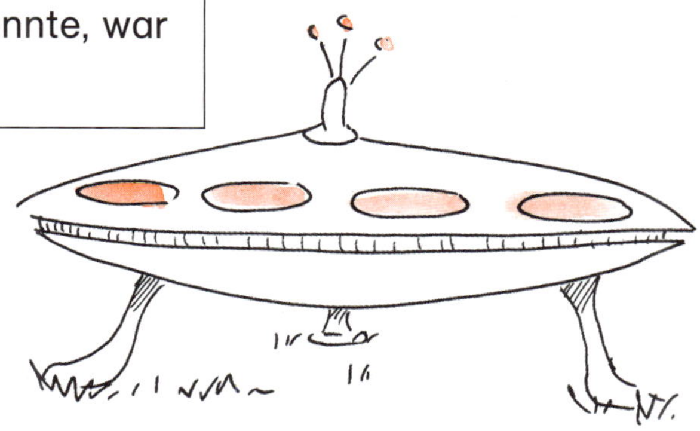

1 Schreibe die Wörter mit der Silbe *-chen* heraus und schreibe das passende Wort dazu.

Apfelbäumchen – Apfelbaum

____

____

____

____

____

____

2 Kevin fotografiert sehr gern.

Er fotografiert nicht nur

einen Kahn, sondern viele __________, nicht nur

einen Baum, sondern viele __________, nicht nur

einen Schlauch, s____________________, nicht nur

eine Maus, ____________________, nicht nur

ein Fass, ______________________________.

Die meisten Wörter mit *ä* und *äu* haben Verwandte mit *a* und *au*.

12. Wörter mit doppelten Mitlauten

1 In jeder Reihe verstecken sich drei Wörter mit doppeltem Mitlaut. Ordne sie unten ein.

trgBallrthLkJrettenmjfdÜPKannelqkjluop
gnennenmmHGBettZFgrTRmnHammer
fgtsTreppeMNbhtalleölghjSuppeAKGHF
ghfbnkommenPmnhellfinswvbBrettKHj
jkhgSpinneSiuoiimmereiooHwippenNMh

ll	mm	nn	pp	tt

2 Setze einen Punkt unter die kurzen Selbstlaute.

Watte Zimmer Pappe schallen Klasse nett Affe irren gewinnen

3 Ordne die Wörter von Aufgabe 2 dem Alphabet nach.

1. ______ 2. ______ 3. ______
4. ______ 5. ______ 6. ______
7. ______ 8. ______ 9. ______

4 Wie werden die Selbstlaute vor doppelten Mitlauten gesprochen?

Die Selbstlaute vor doppelten Mitlauten werden immer .... gesprochen.

13. Mitlauthäufung

Lachend stampfte Schweinchen Schlau im Matsch herum. Wie wunderbar ist so ein Matschbad am Mittag! Es hüpfte und plantschte. Als es müde war, legte es sich still ins Gras und genoss die warme Sonne. Ach, ist das Leben schön!

1 Ordne die orangefarbenen Wörter richtig ein.

Wörter mit mehreren Mitlauten	Wörter mit doppelten Mitlauten
stampfte, ______	Mittag, ______
______	______
______	______
______	______

2 Kennzeichne bei Aufgabe 1 die kurzen Selbstlaute mit einem Punkt.

3 Schwierige Wörter! Kannst du das Rätsel lösen?

a)				W			
b)						E	
c)					H		
d)	S	T					
e)		E					
f)						I	

a) Gegenteil von leicht

b) weißer Niederschlag im Winter

c) eine Kuh gibt …

d) hält Fuß und Bein warm

e) Jahreszeit, die im September beginnt

f) Namenwort zu *schreien*

14. Wörter mit tz

Das kleine, weiße Gespenst flog über den verlassenen Marktplatz. Da entdeckte es in der letzten Ecke eine große Pfütze. Munter sprang es darin hin und her und spritzte mit dem Wasser herum. „Ist das witzig!“, lachte es. Dann flog es nass und schmutzig auf die nächste Kirchturmspitze, setzte sich auf die höchste Stelle und putzte sich.

1 Mache im Text einen gelben Klecks auf alle Wörter mit *tz*.

2 Lies im Text die *tz*-Wörter laut, und setze einen Punkt unter den kurzen Selbstlaut vor dem *tz*.

3 Suche Reimwörter.

Hitze	Spatz	flitzen	Katzen
Spr______	Pl ______	schw ______	pl ______
R ______	Sch ______	s ______	kr ______
W ______	S ______	sp ______	schm ______

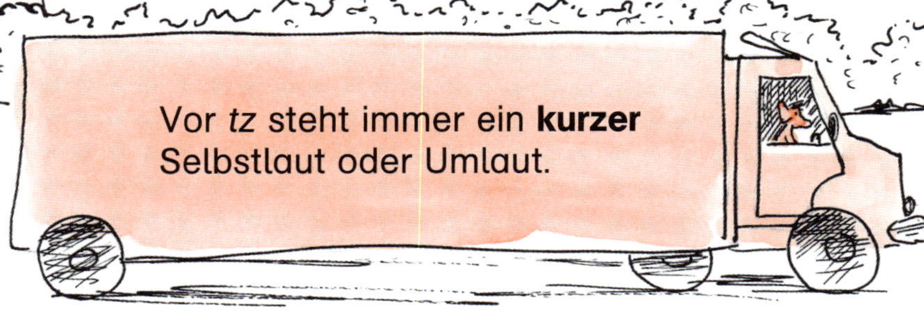

Vor *tz* steht immer ein **kurzer** Selbstlaut oder Umlaut.

4 Ergänze *z* oder *tz*.

Schwan___ Ta___e stür___en Ar___t

spi___ Schmer___ bli___en War___e

tro___ig schwar___ Mü___e gei___ig

15. Wörter mit ck

1 Ordne die Wörter.

Deckel Brücke drücken glücklich stecken Zucker trocken backen locker Locke dreckig schicken

Namenwörter	Zeitwörter	Eigenschaftswörter
______	______	______
______	______	______
______	______	______
______	______	______

2 Bilde Wörter mit *ck*.

Blick | di__ | Spe__ | Sa__ | Sto__ | Ro__ | Blo__ | Stri__ | Gepä__

3 Lies die Wörter bei Aufgabe 1 und 2 laut.

4 Ergänze das richtige Wort.

Selbstlaute und Umlaute vor *ck* werden immer .... gesprochen.

TEST: Laute und Buchstaben

1 Ergänze *b* oder *p*.

hal ___ plum ___ lie ___ Kal ___ Stau ___ Die ___

2 Ergänze *d* oder *t*.

blon ___ har ___ run ___ Win ___ Wor ___ Tex ___

3 Wie wird der gesummte (weiche) s-Laut immer geschrieben: *s* oder *ss* oder *ß*?

____

4 Ergänze *ss* oder *ß*.

Fü ___ e Flu ___ Strau ___ Wa ___ er Grü ___ e na ___

Ta ___ e sie grü ___ t e ___ en er i ___ t bla ___

5 Wie heißt die 3. Person Einzahl?

fliegen – er ___________ biegen – sie ___________

bringen – er ___________ tragen – sie ___________

lügen – sie ___________ klingen – es ___________

6 Ergänze *x* oder *chs*.

Tri ___ i wa ___ en Ni ___ e O ___ e

He ___ e Fu ___ we ___ eln

7 Unterstreiche die Wörter mit langem Selbstlaut.

Satz Qual Stuhl immer oben lieb Tasche Dose

8 Trenne diese Wörter mit einem Strich.

9 Ergänze das passende Wort aus Aufgabe 8.

Aus dem Kamin steigt ______________. Frösche ______________.

Kleine Ferkel ______________. Das Wasser kommt aus einer ______________.

Im Meer leben wunderschöne ______________.

10 Suche ein passendes Wort ohne Umlaut.

Häuschen –	____________	Mäuerchen –	______________
Bällchen –	____________	schäumen –	______________
Mäuse –	____________	Länder –	______________
Wände –	____________	träumen –	______________

11 Werden die Selbstlaute vor den doppelten Mitlauten kurz oder lang gesprochen?

____

____

12 *z* oder *tz*?

Fra___e schwar___ bli___en win___ig

schwa___en ki___eln Ker___e

Schwan___ si___en Stur___helm

1. Namenwörter und Satzanfänge

Leise schlichen Stefan und Mark durch das dunkle Haus. Die Jungen schrien auf und starrten voll Angst auf eine grüne Schlange, die sich durch den Flur schlängelte. Sie stürzten die Treppe hinunter. „Hilfe, Hilfe, eine Schlange!“, riefen sie. Vor Schreck machten die beiden so einen Lärm, dass sie gar nicht hörten, wie oben zwei Mädchen kicherten.

1 Unterstreiche im Text die Namenwörter grün und die Satzanfänge gelb.

2 Streiche in jeder Reihe das Wort durch, das nicht passt.

Baum Freude Brille liegen Kai Wald
süß freundlich Schwein lieb heiß alt
gehen Tür springen lachen schreiben
Glück Anne Stuhl du Angst Feder Mut

3 Schreibe die Namenwörter aus Aufgabe 2 mit dem Begleiter auf.

der Baum, ______________________________

____

____

Auch Namen sind Namenwörter.
Namenwörter werden immer **großgeschrieben**.

4 Trenne diese Namenwörter mit einem Strich voneinander.

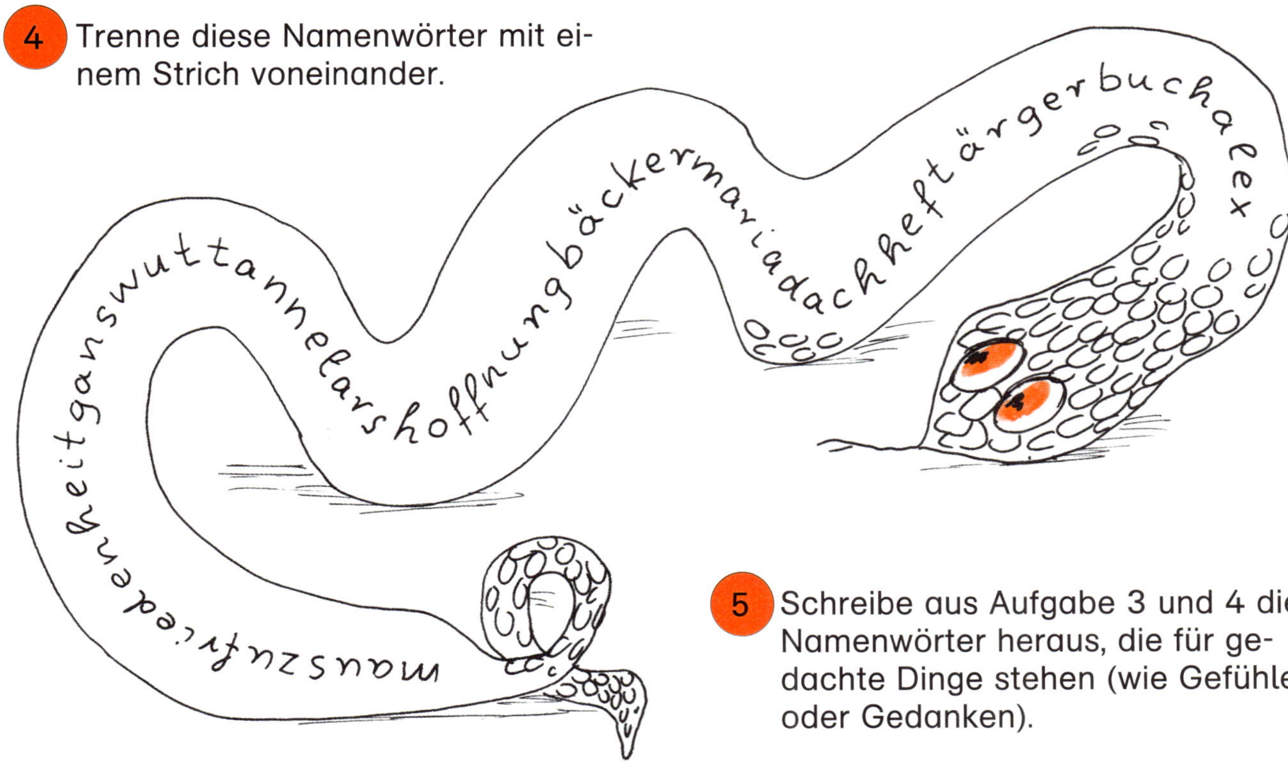

5 Schreibe aus Aufgabe 3 und 4 die Namenwörter heraus, die für gedachte Dinge stehen (wie Gefühle oder Gedanken).

6 Diese Nachricht fand Lars im Briefkasten. Schreibe sie richtig auf.

morgentreffenwirunsimschuppennebenderbrücke.unsere
freundeausderlindenstraßekommenauch.bringtbrotemit,damit
wirnichtverhungern.ichsorgefürdiegetränke.vielegrüße,kevin

Satzanfänge werden **großgeschrieben**.

2. Die Anredefürwörter

1 Kreise die Anredefürwörter ein.

Garten Mond Ihren gehen Ihre bleiben du ihr Ihnen klar Sie euch singen dein Tag Tag schön

2 Unterstreiche in dem folgenden Brief die großgeschriebenen Anredefürwörter blau.

Liebe Familie Gilden!

Es war sehr schön bei euch in der Stadt. Vielen Dank für diese herrliche Ferienwoche. Es war richtig aufregend, mit euch und eurem Hund im Park herumzutoben. Lieber Tom, dein Hund ist wirklich ein netter Kerl, aber mein Pony ist auch süß. Ich glaube, es wird dir gefallen, wenn du es kennen lernst. Meinst du, du darfst bald kommen?

Bitte, liebe Frau Gilden, erlauben Sie Tom, mich bald zu besuchen. Bei uns ist es auch schön. Vor allem haben wir hier auf dem Land bessere Luft. Das wird Ihrem Sohn gut tun, sagt meine Mama. Ich möchte mich bei Ihnen noch einmal herzlich bedanken.

Liebe Grüße an euch alle,

eure Jule

In einem Brief oder auf einer Postkarte werden Anredefürwörter bei Personen, zu denen du „Sie“ sagst, immer großgeschrieben: Sie, Ihr, Ihre, Ihnen …
Anredefürwörter an vertraute Personen kannst du klein- oder großschreiben: euch/Euch …

3. Großschreibung von Zeitwörtern

1 Was tun diese Tiere? Ergänze die fehlenden Zeitwörter.

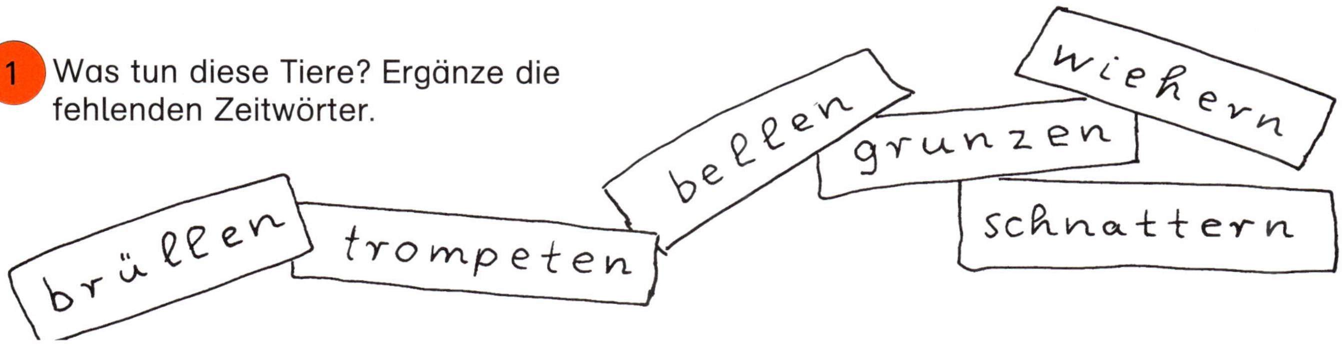

Enten ______________. Schweine ______________.

Elefanten ______________. Hunde ______________.

Pferde ______________. Löwen ______________.

2 Du kannst aus Zeitwörtern Namenwörter zaubern, wenn du *das*, *beim*, *vom* oder *zum* davorstellst. (lesen – das Lesen, beim Lesen)

schreiben – Zum ______________ nehme ich den Füller.

schwimmen – Beim ______________ bin ich glücklich.

singen – Das ____________ macht Spaß.

gehen – Vom ____________ werde ich müde.

laufen – Beim ____________ bekomme ich oft Seitenstiche.

fliegen – Das ____________ ist herrlich.

wandern – Zum ______________ nehme ich Wanderschuhe.

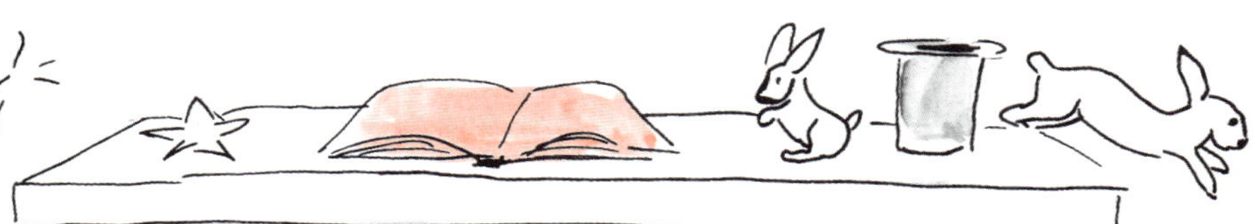

Zeitwörter werden kleingeschrieben. Wenn du sie als **Namenwort** gebrauchst, werden sie **großgeschrieben**. Dann steht meistens *das*, *beim*, *vom* oder *zum* davor.

1. Wörter mit Dehnungs-h

1 Kannst du die sechs Zeitwörter richtig zusammensetzen?

____

____

____

____

____

____

2 Ergänze in den Sätzen jeweils die erste Silbe der Zeitwörter.

a) Die Räder ____hen sich immer schneller.

b) Manche Bauern ____hen mit der Sense Gras.

c) Viele Blumen ____hen im Frühling.

d) Die Kinder ____hen ins Kino.

e) Wir ____hen heute nur Regenwolken.

Wir trennen die Wörter hinter dem stummen *h*, dem Dehnungs-*h*.

3 Bilde Namenwörter.

a) Tiefes Loch im Berg: ______________.

b) Du rechnest mit ______________.

c) Setzt euch auf die ______________.

d) Rechts und links am Kopf sind die ______________.

e) 24 Monate sind zwei ______________.

2. Wörter mit Doppellauten

1 Ergänze alle zweiten Silben, die das Ungeheuer aufgegessen hat.

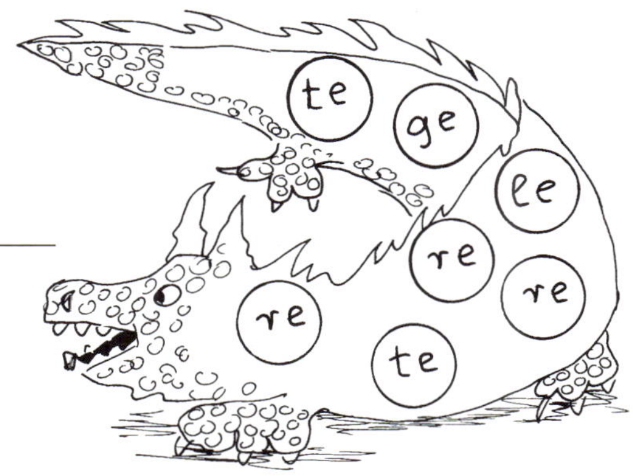

Bee_____ Haa_____ Paa_____ Aa_____

Waa_____ Spee_____ Boo_____

2 Ein Silbenrätsel mit *ie*-Wörtern.

a) eine Märchenfigur: _____________

b) eine Grasfläche: _____________

c) ein Insekt, das Honig sammelt: _____________

d) Wir singen _____________

e) Darin kannst du dich sehen: _____________

f) Viele Leute tragen sie bei Schnee und Matsch: _____________

3 Klatsche die Silben, und trenne mit einem Strich.

Häu/ser staunen Leute Träume Beete Freude Laune Gebäude Feuer Kräuter Mäuse

3. Wörter mit einem und mehreren Mitlauten

1 Löse das Silbenrätsel.

a) Grundform von *du fragst*: ________________

b) Hier lernst du jeden Tag: ________________

c) Mehrzahl von *Schwan*: ________________

d) Ganz schmale Wege: ________________

e) Das hat jeder Vogel: ________________

> Bei Wörtern mit einem Mitlaut wird dieser bei der Worttrennung auf die nächste Zeile gesetzt.

2 Ergänze jeweils die zweite Silbe.

a) Gegenteil von oben: un_____

b) Frucht des Birnbaums: Bir_____

c) Sie stehen an vielen Kreuzungen: Am_____

d) Wer zuletzt kommt, ist der Letz_____.

e) Schlecht riechen: stin_____

f) Auf der Matratze liegt das Bett_____.

g) Größer werden: wach_____

h) Greifwerkzeug: Zan_____

i) Zimmer haben Wän_____.

Bei zwei und mehr Mitlauten wird der letzte Mitlaut bei der Worttrennung auf die neue Zeile gesetzt.

4. Wörter mit doppelten Mitlauten

1 Verbinde, was zusammengehört, und schreibe die Wörter auf.

____

____

____

Wir trennen zwischen doppelten Mitlauten, wenn diese zwischen Selbstlauten stehen.
Beispiele: schwi**m**-**m**en, Pu**p**-**p**e

2 Ergänze jeweils die zweite Silbe.

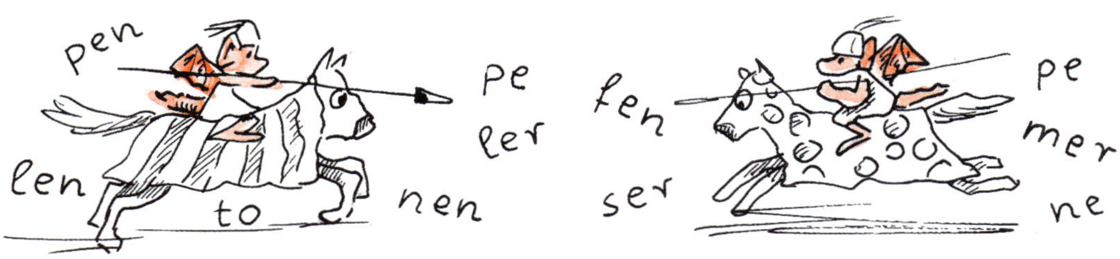

Stolz sprang der 12-jährige Knap___ Otto als Erster vom Pferd. Sein Rap___ war im_____ schnel___ als die anderen Pferde!

Müde ließ Ot____ die schweren Waf____ und das Schild mit dem Wap_____ seines Herrn in das weiche Gras fal_____. Dann holte er sich frisches Was_____ vom Brun_____, legte sich ins Gras und genoss die warme Son____.

5. Wörter mit pf und st

1 Bilde Zeitwörter.

2 Kannst du das Rätsel lösen?

a) Ödes trockenes Land: ____________

b) Damit schützt du eine Wunde: ____________

c) Ganz leise sprechen: ____________

d) Ärmellose Jacke: ____________

Wörter mit *st* werden zwischen *s* und *t* getrennt.

3 Trenne die folgenden Wörter durch einen Strich. Dann schreibe sie getrennt auf.

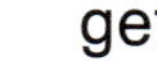

stopfen durstig kosten hüpfen knistern lustig Schwester tropfen

____________ ____________ ____________ ____________

____________ ____________ ____________ ____________

6. Wörter mit sch, ch, ck und ß

1 Ergänze die fehlenden Silben.

Sa_______ kauert hinter den Himbeer-

sträu_______. Was mag er dort su_______?

Eine Schne_______ will über seine Füße

krie_______. Sa_______ muss laut la_______.

Das kitzelt. Da kommt sein Da_______

angewa_______. Schnapp! Und schon hat er die

Schne_______ gefressen.

2 Bilde Zeitwörter.

____

____

____

____

____

3 Teile die Wörter durch einen Strich in zwei Silben.

Grü|ße naschen schießen

sprechen Tische lachen stecken

drücken Füße wischen Tücher

sch, *ch*, *ck* und *ß* sind jeweils **ein** Laut. Sie können daher nicht getrennt werden.

1. Zeichen am Satzende

1 Mache einen roten Klecks auf die Ausrufezeichen und einen blauen auf die Fragezeichen.

Maya und Florian gehen über den Kirmesplatz. Überall sind viele Menschen. Sie stehen vor den Karussells und an den Buden. Sie lachen und freuen sich. Heiße Bratwurst, heiße Bratwurst!
Die Leute schauen sich um. Woher kam das Rufen? Woher kommt der herrliche Duft? Zieht Lose! Zehn Lose für fünf Euro! Kommt zu unserer Schau der starken Männer! Jeder ist eingeladen! Warum zögern Sie, meine Damen und Herren? Was für ein Gerufe und Geschreie! Was für Lärm! Florian hält sich die Ohren zu.

Am Ende eines Aussagesatzes steht ein **Punkt** (.).
Am Ende eines Ausrufesatzes steht ein **Ausrufezeichen** (!).
Am Ende einer Frage steht ein **Fragezeichen**(?).

2 Ergänze Punkt, Ausrufezeichen oder Fragezeichen.

Die Sonne scheint

Woher kommt das Auto

Die Kinder stehen vor dem Kino

Gib mir dein Heft

Wann fahrt ihr nach Hause

Halt bitte die Tasche auf

Geht ihr mit uns schwimmen

Sei endlich still

Was hast du gesagt

Lore und Felix haben Hunger

Willst du einen Apfel

Komm her, mach schnell

Lauf, hol dir den Ball

Der Vampir segelte durch die Luft

Geh schneller

2. Satzzeichen bei wörtlicher Rede

Du kannst dieses Gespräch auch so aufschreiben:

Lea fragt: „Tom, spielst du mit mir?“

Tom antwortet: „Ja, ich komme gleich.“

Maria ruft laut: „Hallo, ihr beiden, lasst mich mitspielen!“

1 Mache einen roten Klecks auf die Anführungszeichen, und unterstreiche die wörtliche Rede.

Die wörtliche Rede wird **immer** in **Anführungszeichen** gesetzt.

2 Ergänze die Anführungszeichen.

Simon fragt: Gehst du auch zum Sportplatz?

Rebecca antwortet: Ja, aber ich fahre mit dem Fahrrad.

Simon ruft erfreut: Prima, dann lass mich hinten draufsitzen!

Doch Rebecca meint: Ich glaube, du bist mir zu schwer.
Es ist besser, wenn du fährst und ich hinten sitze.

TEST: Groß- und Kleinschreibung, Worttrennung und Zeichensetzung

1 Was wird großgeschrieben?
Kreuze an.

a) Anredefürwörter für Personen, zu denen ich „Sie“ sage ☐

b) Anredefürwörter für Personen, zu denen ich „du“ sage ☐

2 Unterstreiche die Anredefürwörter.

Liebe Frau Peters!

Denken Sie nur, jetzt wohnen wir schon seit drei Wochen in Berlin. Bald müssen Sie uns besuchen. Es würde Ihnen hier gut gefallen. Wie groß diese Stadt ist, können Sie sich gar nicht vorstellen. Bitte sagen Sie uns bald, wann Sie kommen. Wir warten auf Ihre Antwort.

Alles Gute, Ute

3 Schreibe richtig.

IMHAFENLIEGTEINBOOT.ANNELÖSTDASSEIL.SIESETZTSICH
HINEIN.HEIMLICHRUDERTSIEAUFDASMEERHINAUS.

____

____

____

____

____

4 Ergänze die Satzzeichen.

Wann kommst du __ Komm schnell __

Ich gehe später zum Klub __ Die Sonne scheint __

Wo bist du __ Lauf schneller __

5 Groß oder klein? (E/e, L/l, W/w)

a) Beim __ssen liest Klaus gern.

b) Lisa will auch etwas __ssen.

c) Familie Maier __andert zur alten Burg.

d) Das __andern macht allen Spaß.

e) Die Geschichte ist zum __achen.

f) Die Jungen müssen __achen.

6 Löse das Rätsel.

a) Auf dem Kopf wachsen ____________.

b) Du wiegst dich mit einer ____________.

c) Honig sammeln die ____________.

d) Im Wald wachsen ____________.

e) Das Gegenteil von *billig* ist ____________.

f) Zum Waschen nimmt man ____________.

7 Trenne die Wörter mit einem Strich.

woh/nen
gehen
Watte
stehen
naschen
zählen
husten
schimpfen
stinken
klopfen
reißen
Pfeffer
lachen
Kasten
Decke

1. Namenwörter

Die Bremsen quietschen, die Reifen rutschen. Doch endlich steht das Auto still. Stolz steigt die kleine Hexe Fiona aus. Gerade will sie das Auto abschließen, als die Oberhexe Tusnelda mit einem Knall vor ihr landet. Wütend kreischt diese: „Seit wann fahren Hexen mit einem Auto, nimm gefälligst den guten, alten Reisigbesen ohne Motor und ohne Lenkrad!“ Und schwirr, ist sie wieder verschwunden. „So eine altmodische Hexe“, knurrt Fiona.

1 Unterstreiche oben die 16 Namenwörter im Text.

2 Ordne die folgenden Namenwörter.

Bäcker Kind Blume Tanne Tasche Tulpe Julia Wolf Buch Dach Hamster Wurm

Menschen

______
______
______

Pflanzen

______
______
______

Tiere

______
______
______

Dinge

______
______
______

Namenwörter benennen **Menschen**, **Pflanzen**, **Tiere** und **Dinge**. Sie werden **großgeschrieben**.

3 Unterstreiche die Nachnamen.

Kaspari, Hanna — **Röder**, Uta — **Albertz**, Frank — **Böning**, Toni — **Maier**, Kai — **Hamacher**, Kerstin — **Zipp**, Jeron — **Gilden**, Lea — **Wagner**, Fred — **Taler**, Jana

4 Ordne die Nachnamen dem Alphabet nach.

Albertz, Böning, ______________________

____

____

> Auch **Namen** sind Namenwörter.

5 Mache einen gelben Klecks auf die zehn Namenwörter, die für Gefühle und gedachte Dinge stehen.

Friede, Liebe, Mut, Glück, Freude, Spaß, Computer, Wagen, Wut, Angst, Kino, Trauer, Tiger, Mauer, Stern, Wand, Stolz

6 Schreibe diese zehn Namenwörter hier auf.

____

____

____

> Namenwörter stehen auch für **gedachte Dinge**.

2. Namenwörter mit Begleiter

Vater und Sohn sitzen auf einer alten Eiche. Eifrig bauen sie ein Baumhaus. Schnell wird noch das letzte Brett angenagelt. Dann ist es fertig. Stolz betrachten sie ihr gemeinsames Werk. Bis zum Abend bleiben sie oben. Was für ein schöner Tag!

1 Unterstreiche die Namenwörter oben im Text.

2 Schreibe sie so hier auf.

ein Vater – der Vater, ______________________

____

____

Namenwörter können Begleiter haben.
Die **bestimmten Begleiter** sind *der*, *die*, *das*.
Die **unbestimmten Begleiter** sind *ein*, *eine*, *ein*.

3 Ordne richtig ein.

Zahl, Jahr, Rakete, Ente, Auto, Huhn, Wecker, Postbote, Nummer, Baum

der	die	das
______	______	______
______	______	______
______	______	______
______	______	______
______	______	______

4 Setze in die Einzahl.

die Bergsteiger – der ______________________

die Straßenbahnen – ______________________

die Krankenwagen – ______________________

die Flugzeuge – ______________________

die Traktoren – ______________________

die Raketen – ______________________

5 Ergänze das passende Wort aus Aufgabe 4.

a) ______________________ fliegt nach Amerika.

b) ______________________ startet zum Mond.

c) ______________________ rattert über das Feld.

d) ______________________ klettert auf den Berg.

e) ______________________ fährt zum Krankenhaus.

f) ______________________ hält an der Haltestelle.

6 Schreibe ebenso.

die Windjacke: der Wind, die Jacke

der Lastwagen: ______________________ ______________________

das Motorboot: ______________________ ______________________

die Autobahn: ______________________ ______________________

die Schranktür: ______________________ ______________________

Das **Grundwort** bestimmt den Begleiter.

3. Fürwörter

1 Unterstreiche die Fürwörter.

Viele Leute sind auf dem Flohmarkt. Hier kann man viele alte Bücher kaufen. Sie kosten nur wenig. Auch ein altes Comic-Heft ist dabei. Es sieht ziemlich zerfleddert aus.
„Wer will den alten Traktor? Er ist sehr gut erhalten."
„Hei Thomas, seit wann bist du denn hier?" „Ich bin schon seit 10 Uhr auf dem Markt." „Renate und ich auch. Wir haben schon allerlei verkauft."

Die persönlichen Fürwörter *ich*, *du*, *er*, *sie*, *es*, *wir*, *ihr*, *sie* ersetzen Namenwörter.

2 Sage es kürzer. Setze jeweils das richtige Fürwort ein.

a) Die Kinder spielen am Strand.

_____ spielen am Strand.

b) Lena kauft eine Eis.

_____ kauft ein Eis.

c) Klaus schwimmt im Meer.

_____ schwimmt im Meer.

d) Wann gehst du mit Mia nach Hause?

Wann geht _____ nach Hause?

e) Hanne und ich bauen eine Sandburg.

_____ bauen eine Sandburg.

3 Ergänze *du/Du*, *dir/Dir* oder *dich/Dich*.

Liebe Lena!

Bald fangen die großen Ferien an. Hast _____ Lust, uns zu besuchen? Wir würden _____ unsere Stadt zeigen und viele schöne Ausflüge mit _____ machen.

Mein Bruder ist schon ganz neugierig. Er kennt _____ ja noch gar nicht. Was sagst _____ zu dieser Idee?

Gib uns bald eine Antwort.

Es grüßen _____ ganz herzlich

Laura und Max

Auch *dir, dich, mir, mich, uns, euch, ihn, ihm, ihnen* ... sind **Fürwörter**.

4 Ergänze *ihm*, *ihn* oder *ihnen*.

a) Da kommt Toni.

Ich gehe mit _____ schwimmen.

b) Heiner gibt Lena und Gabi ein Buch.

Er gibt es _______.

c) Sie sah ihren Freund.

Sie sah _____.

d) Jana hat Florians Tasche gefunden.

Nach der Pause gibt sie _____ die Tasche.

e) Wir wollen mit den anderen Kindern spielen.

Wir wollen mit _______ spielen.

4. Zeitwörter

1 Bilde Zeitwörter.

rol blü schei sin grun bel flie knat – len hen nen gen zen len gen tern

rollen, ____

____

2 Setze die passenden Zeitwörter aus Aufgabe 1 hier in der richtigen Form ein.

Das Motorrad knattert. Das Schwein grunzt.

Fiona ______________. Die Sonne ______________.

Ein Hund ______________. Die rote Tulpe ______________.

Das Rad ______________. Das Flugzeug ______________.

Zeitwörter sagen, was jemand tut oder was geschieht. Sie haben einen **Wortstamm** (*flieg-/-sing*) und **verschiedene Endungen**: *e, st, t, en* (fliegst, fliegt). Sie werden **kleingeschrieben**.

3 Setze die Zeitwörter in der richtigen Form ein.

	singen	**kochen**	**lernen**	**stricken**
ich	singe	______	______	______
du	singst	______	______	______
er, sie, es	singt	______	______	______
wir	singen	______	______	______
ihr	singt	______	______	______
sie	singen	______	______	______

4 Unterstreiche die Zeitwörter.

Gestern schrieb Dora einen Brief an ihre Freundin. Anschließend steckte sie ihn in einen Umschlag und klebte eine Briefmarke darauf. Schnell lief sie zum nächsten Briefkasten und warf ihn hinein. Kurz darauf kam der Postbote und leerte den Briefkasten.

5 Schreibe den Text in der Gegenwart.

Dora schreibt ____

____

____

____

____

____

____

____

Zeitwörter sagen uns auch, **wann** etwas geschieht.

6 Ergänze die fehlenden Formen.

Grundform	**Gegenwart**	**Vergangenheit**	**vollendete Gegenwart**
schreiben	sie schreibt	sie schrieb	sie hat geschrieben
lesen	______	er las	______
	______	es aß	______
rufen	______	______	er hat gerufen
	sie singt	______	______

5. Eigenschaftswörter

1 Setze das richtige Eigenschaftswort ein.

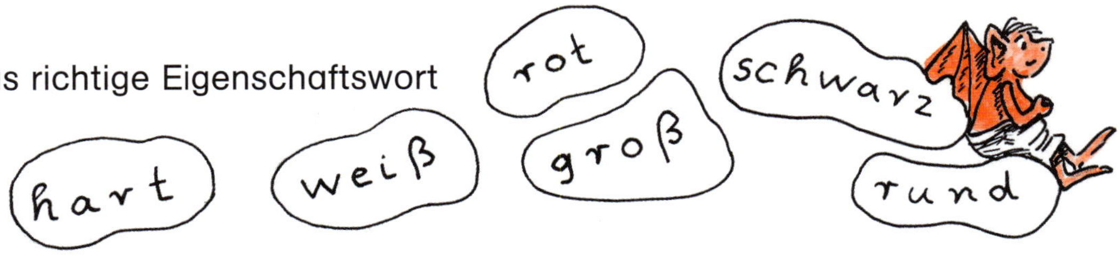

Schnee ist __________. Tomaten sind __________.

Steine sind __________. Max ist __________.

Ein Kreis ist __________. Der Rabe ist __________.

Eigenschaftswörter sagen, wie Menschen, Tiere, Pflanzen und Dinge sind.
Sie werden **kleingeschrieben**.

2 Verbinde die Gegenteile miteinander.

3 Schreibe so.

Das Auto ist alt. Das ist ein altes Auto.

Der Tank ist voll. ____

Das Brot ist frisch. ____

Das Ei ist weich. ____

Das Gespenst ist müde. ____

Eigenschaftswörter können **verändert** werden.

6. Die Steigerung der Eigenschaftswörter

1 Unterstreiche im Text die Eigenschaftswörter.

Das kleine Gespenst wohnte in einer alten Burg. Sie war älter als alle Burgen in der Umgebung. Es war sogar die älteste Burg des Landes.

2 Schreibe die Eigenschaftswörter in die Tabelle, und ergänze die fehlenden Formen.

dünn groß lustiger am dünnsten wärmer am lustigsten größer kalt warm am kältesten

Grundstufe	1. Vergleichsstufe	2. Vergleichsstufe
tief	tiefer	am tiefsten

3 Streiche die fünf Eigenschaftswörter durch, die du nicht steigern kannst.

Eigenschaftswörter kannst du **steigern**.

tot rund freundlich falsch richtig schön eckig süß mutig jung

4 Verbinde die Formen, die zusammengehören.

5 Schreibe so:

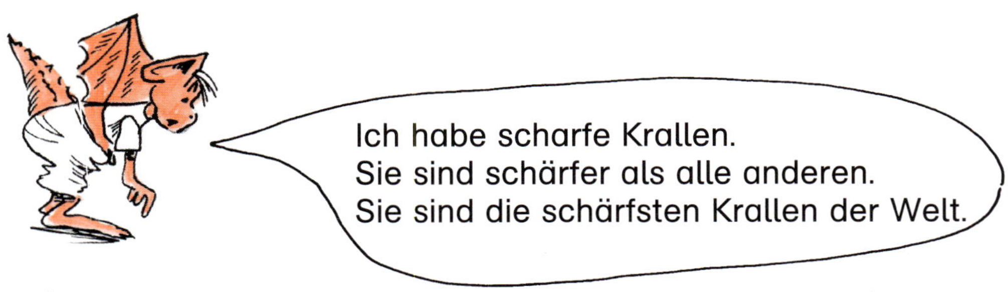

a) Ich habe schöne Augen.

____ .

____ .

b) Ich habe einen klugen Verstand.

____ .

____ .

c) Ich habe schnelle Beine.

____

____ .

7. Vergleiche

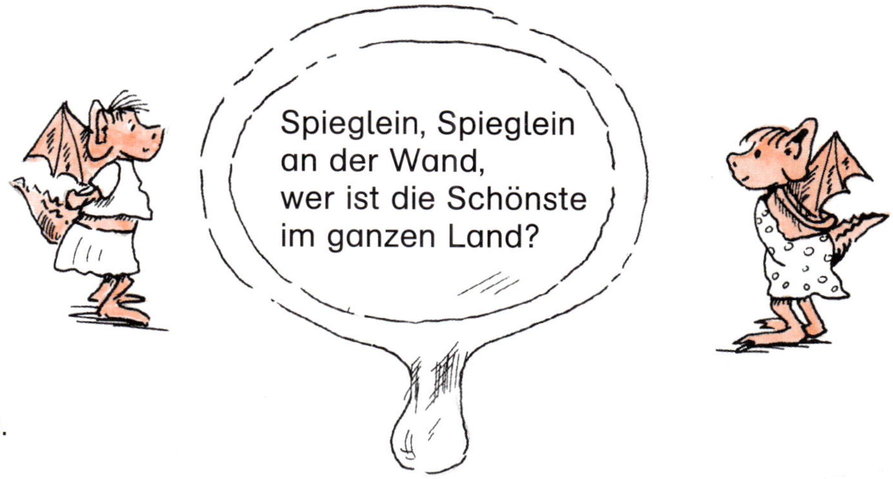

1 Vergleiche.

a) Julias Haare sind ______________ Leos Haare.

b) Leos Ohren sind ______________ Julias Ohren.

c) Leos Mund ______________ Julias Mund.

d) Julias Augen sind ______________ Leos Augen.

e) Julias Nase ist ______________ Leos Nase.

Mit Eigenschaftswörtern kannst du **vergleichen**.

2 Schreibe so:

a) Der Apfel ist so grün wie Gras.
Er ist grasgrün.

b) Die Blume ist so gelb wie eine Zitrone.

Sie ist ______________________.

c) Die Kante ist so scharf wie ein Messer.

______________________.

d) Der Pulli ist so blau wie der Himmel.

Er ist ______________________.

8. Zahlwörter

Bevor die Klassenfeier beginnt, gibt es noch viel Arbeit. Lena schreibt ein Plakat. Florian stellt mehrere Blumentöpfe auf die Fensterbank, und Kirsten stellt vier Stühle in die Ecke. Mirco malt ein paar lustige Bilder an die Tafel. Karin füllt acht Schalen mit Knabberzeug. Lisa verteilt viele Luftschlangen, und Olaf bläst einige Luftballons auf. Georg und Alex tragen zwei Kisten Limonade. Fünf Kinder schieben die zehn Tische beiseite. Auch Feste machen Arbeit.

1 Unterstreiche im Text alle Zahlwörter.

Bestimmte Zahlwörter geben die **genaue** Anzahl an.
Unbestimmte Zahlwörter nennen eine **ungefähre** Menge.

2 Ordne die unterstrichenen Zahlwörter.

bestimmte Zahlwörter

ein, ____________________

____

____

____

____

unbestimmte Zahlwörter

viel, ____________________

____

____

____

____

3 Schreibe als Zahlwort.

6 __________ 7 __________ 9 __________

11 __________ 13 __________ 15 __________

17 __________ 20 __________

9. Fragewörter

1 Kreise die fünf Fragewörter ein, die sich in diesen Wörtern versteckt haben. Schreibe sie auf.

ZWERG

ZWIEBEL

BADEWANNE

WOHNUNG

WASSER

______ ______ ______ ______ ______

2 Kannst du auch diese fünf Fragewörter aufschreiben?

______ ______ ______ ______ ______

3 Frauke und Michael haben viele Fragen an ihren Vater. Verbinde die passenden Fragen und Antworten.

1) Wann fährt der Zug ab?

2) Wo müssen wir umsteigen?

3) Wie sollen wir denn zum Bahnhof kommen?

4) Wer holt uns am Bahnhof in München ab?

5) Wieso fahrt ihr nicht mit?

a) Ihr müsst in Ulm umsteigen.

b) Ich bringe euch mit dem Auto zum Bahnhof.

c) Da Paulchen krank geworden ist, können Mama und ich nicht mitkommen.

d) Der Zug nach München fährt um 12.10 Uhr ab.

e) Opa holt euch am Bahnhof ab.

4 Unterstreiche oben in den Fragen die Fragewörter.

Fragewörter leiten eine Frage ein.

1. Zusammengesetzte Wörter

1 Bilde zusammengesetzte Namenwörter.

Motor + Rad = Motorrad

voll + Mond = ______

Gespenster + Geschichte = ______

fahr(en) + Rad = ______

Sonne + n + Brille = ______

lese(n) + Buch = ______

Aus verschiedenen Wörtern kannst du **neue Namenwörter** zaubern. Sie werden auch **großgeschrieben**.

2 Bilde zusammengesetzte Eigenschaftswörter.

rot + blau = rotblau

grün + gelb = ______

Stein + hart = ______

Bär + en + stark = ______

Messer + scharf = ______

Schnee + weiß = ______

Mit **zusammengesetzten Eigenschaftswörtern** kannst du alles genauer beschreiben. Sie werden **kleingeschrieben**.

3 Bilde zusammengesetzte Zeitwörter.

Durch **Zusammensetzungen** bekommen die Zeitwörter eine andere Bedeutung. Sie werden weiterhin **kleingeschrieben**.

4 Ordne richtig ein.

Schwertfisch vorstellen Sitzbank Eckschrank himmelblau blauweiß fortlaufen pfeilschnell ausfüllen

2. Ableitungen

1 Bilde Namenwörter auf *-schaft*.

gemein + schaft = Gemeinschaft

Herr + schaft = ______________________

Land + schaft = ______________________

Wirt + schaft = ______________________

2 Bilde Namenwörter auf *-heit* und *-keit*.

Mit den Wortbausteinen *-schaft*, *-heit* und *-keit* kannst du Namenwörter bilden.
Sie werden **großgeschrieben**.

krank + heit = Krankheit

dunkel + heit = ______________________

faul + heit = ______________________

dumm + heit = ______________________

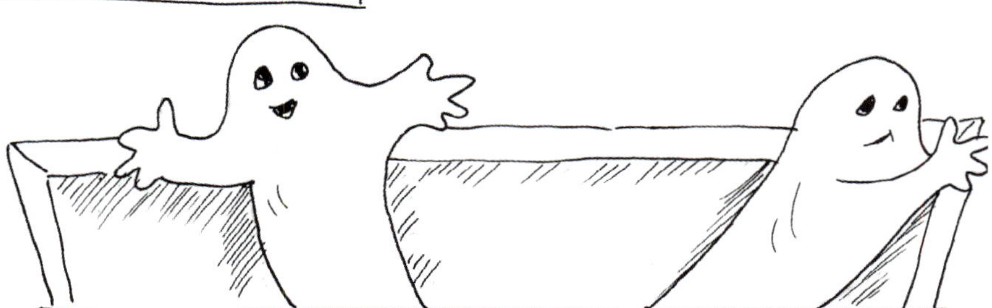

sparsam + keit = Sparsamkeit

dankbar + keit = ______________________

fröhlich + keit = ______________________

ehrlich + keit = ______________________

traurig + keit = ______________________

3 Bilde Eigenschaftswörter auf *-ig* und *-lich*.

fleckig,

gemütlich,

4 Bilde neue Zeitwörter mit der Vorsilbe *ver-* und *ent-*.

Mit Vor- und Nachsilben kannst du neue Eigenschafts- und Zeitwörter bilden.

verstecken,

entlassen,

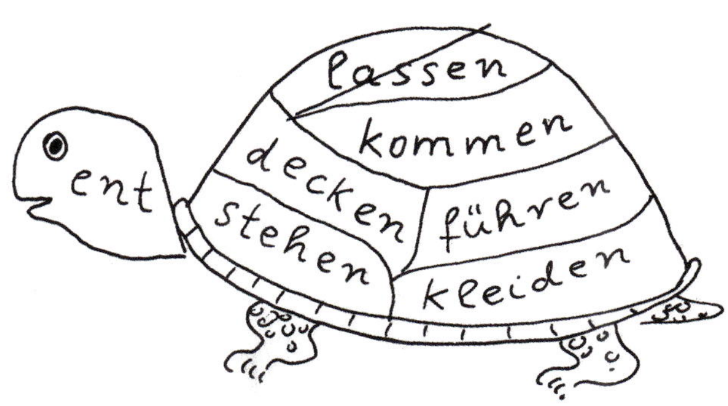

3. Die Wortfamilie

1 Ordne die beiden Wortfamilien.

verfahren | umbauen | Fahrbahn | gefahren | Bau | Neubau | abfahren | Baustelle | anbauen | aufbauen | Fuhrwerk | Fähre | er fährt | Bauwerk

2 Kreise bei allen Wörtern von Aufgabe 1 jeweils den Stamm ein.

> Zu einer **Wortfamilie** gehören alle Wörter mit einem **gemeinsamen Stamm**. Achtung: Dieser Stamm muss aber nicht immer gleich sein (z. B. **Fahr**t, **Fuhr**werk).

3 Schreibe die acht Wörter zur Wortfamilie *spielen* heraus.

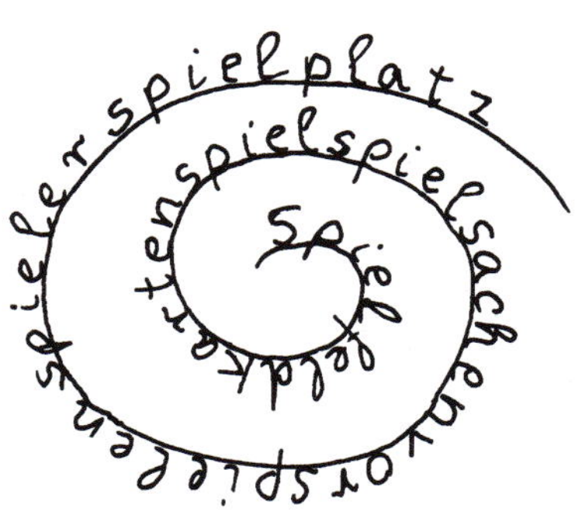

4. Das Wortfeld

1 Hier sind drei Wortfelder durcheinandergeraten. Kannst du sie ordnen?

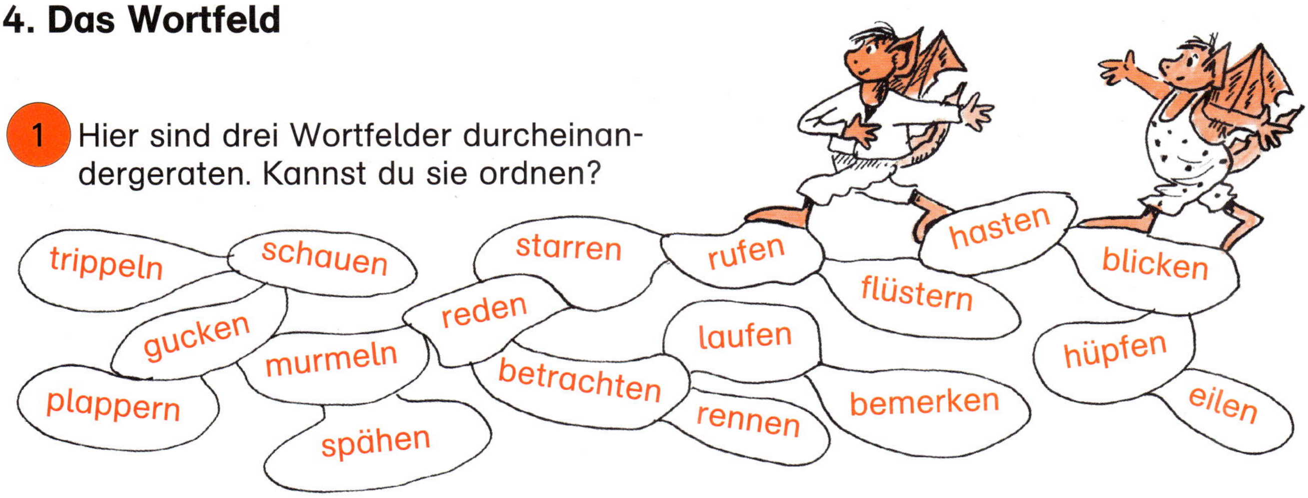

sehen	sprechen	gehen

Zu einem Wortfeld gehören Wörter, die eine **ähnliche oder gleiche Bedeutung** haben.

2 Suche mindestens drei Wörter zum Wortfeld *regnen*.

1. Die Satzarten

1 Ergänze den Punkt am Ende der Sätze.

Das Gespenst saß gestern auf der Kiste

Der Regen prasselt auf das Dach

Lore geht traurig ins Bett

Wir berichten und erzählen in **Aussagesätzen**. Aussagesätze enden mit einem **Punkt**.

2 Ergänze das Fragezeichen am Ende des Satzes.

Wer sitzt auf der Kiste

Was prasselt auf das Dach

Wohin geht Lore

Wann saß das Gespenst auf der Kiste

Wo saß es gestern

Wie geht Lore ins Bett

Wenn wir etwas wissen wollen, fragen wir. **Fragesätze** enden mit einem **Fragezeichen**.

3 Ergänze das Ausrufezeichen am Ende des Satzes.

Setz dich

Komm her

Bitte, lass das

Geh ins Bett

Schreib mir bitte

Gib mir bitte den Stift

Lauf schneller

Für Wünsche, Befehle und Bitten benutzen wir den **Aufforderungssatz**. Aufforderungssätze enden mit einem **Ausrufezeichen**.

4 In der Pause geht es in der 3 a sehr wild zu. Alle reden durcheinander. Kannst du die passenden Satzzeichen ergänzen?

2. Die Satzglieder

1 Male die einzelnen Satzglieder in verschiedenen Farben an.

[Das Flugzeug] – [landete] – [pünktlich].

[Schnell] – [gingen] – [Hanni und Fred] – [zum Supermarkt].

[Auf dem Baum] – [sitzt] – [eine Katze].

2 Stelle die Satzglieder um. Welche sinnvollen Möglichkeiten findest du?

[die Kinder] [laufen] [schnell] [zur Schule]

____

____

____

3 Stelle die Sätze so um, dass sie nicht mit *Sie* anfangen.

Lena ist im Garten.

Sie sucht eine Schere im Gartenhäuschen.

Im ____

Sie schneidet einige Blumen mit der Schere ab.

Mit ____

Sie bringt die Blumen schnell ins Haus.

Die ____

Sie stellt diese im Zimmer in eine Vase.

Im ____

Sie zeigt die Vase mit den Blumen ihrer Oma.

Die ____

4 Bilde Aussagesätze. Es gibt jeweils zwei Möglichkeiten.

____

____

____

____

3. Der Satzgegenstand

1 Male den Satzgegenstand rot an.

a) Die Kinder | gehen | ins Kino .

b) Sie | wollen | einen Gespensterfilm | sehen .

c) Kai und ich | feiern | Geburtstag .

d) Gestern | feierten | wir | im Garten .

Ein wichtiges Satzglied ist der **Satzgegenstand**. Wir fragen nach ihm mit **Wer oder was?**

2 Bilde sinnvolle Sätze. Verbinde, was zusammengehört.

Der Ball	steht hoch am Himmel.
Der Autofahrer	prasselt auf das Dach.
Der Regen	rollt unter den Tisch.
Der Mond	schließt sein Auto ab.

3 Schreibe diese Sätze hier auf.

4 Unterstreiche den Satzgegenstand.

a) Der Buntstift liegt auf dem Tisch.

b) Gestern schrieb ich einen Brief.

c) Wir kochen eine Suppe.

d) Auf der Wiese liegt ein Ball.

e) Rebecca liest ein spannendes Buch.

f) Ihr geht den falschen Weg.

> Der Satzgegenstand ist meistens ein Namenwort oder ein Fürwort. Er sagt uns, **wer** etwas tut.

5 Ergänze den Satzgegenstand so, dass sinnvolle Sätze entstehen.

Die Katze | Ich | Die Sonne | Klaus | Eine Birne | Wir

a) ______________ scheint heute sehr heiß.

b) ________ sitze auf einem Apfelbaum.

c) ______________ fällt vom Birnbaum.

d) ______________ fängt eine Maus.

e) ________ malt ein Bild.

f) ________ essen Kuchen.

4. Die Satzaussage

Das wichtigste Satzglied ist die **Satzaussage**.
Sie sagt uns, **was gemacht** wird.

1 Ergänze die fehlende Satzaussage.

a) Hera und ich ______________ Nudeln.

b) Daniel ______________ seinen Rucksack.

c) Der Fisch ______________ im Aquarium.

d) Der Stuhl ______________ neben dem Tisch.

e) Die Glocken ______________ um 12 Uhr.

f) Die Kinder ______________ zur Gartenparty.

Die Satzaussage ist **immer ein Zeitwort**.

2 Unterstreiche die Satzaussage.

a) Timo wartet an der Ampel.

b) Die Gänse fliegen nach Norden.

c) Die Rakete fliegt zum Mond.

d) Der Indianer schwingt das Lasso.

e) Maya bastelt eine Ritterburg.

f) Ihr kommt zu spät.

g) Gestern aß Klaus drei Äpfel.

TEST: Wörter und Sätze

1 Ordne ein.

der	die	das

Freude, Wut, Koffer, Schiff, Mut, Foto, Bäcker, Glück, Lampe

2 Schreibe in der Mehrzahl.

die Lampe, das Motorboot, die Rakete, der Berg, die Wand, der Hund, das Brett, der Fisch, das Krankenhaus, die Tür

____

____

____

3 Ersetze durch Fürwörter
(er, sie, es, wir, sie).

a) Das Kind läuft nach Hause. _____ läuft nach Hause.

b) Arno baut eine Burg. _____ baut eine Burg.

c) Marie liest ein Buch. _____ liest ein Buch.

d) Peter und ich kommen auch. _____ kommen auch.

e) Suse und Jonas lachen laut. _____ lachen laut.

4 Ersetze durch die Fürwörter *ihm, ihn, ihnen.*

a) Ich gebe Ahmed mein Buch. Ich gebe _____ mein Buch.

b) Gestern habe ich Leo gesehen. Gestern habe ich _____ gesehen.

c) Gib dem Hund einen Knochen! Gib _____ einen Knochen!

d) Jule geht mit Paula und Sven weg. Jule geht mit _______ weg.

5 Ergänze die richtige Form.

springen: Du __________ aber hoch!

Heiner __________ gestern über den Zaun.

lachen: Ich __________ oft.

Meine Freunde __________ letztes Jahr nur selten.

lesen: Wir __________ am liebsten Comic-Hefte.

Ihr __________ gerne Geisterbücher, nicht wahr?

6 Wie heißt die richtige Form

hoch: Berge sind __________ als Häuser.

hart: Eisen ist __________ als Holz.

alt: Mein Opa ist __________ als unser Hund.

lang: Mein Zollstock ist __________ als mein Lineal.

7 Kreise die unbestimmten Zahlwörter ein.

wenige zwei einige manche

drei mehrere viele

vierzig hundert die meisten

8 Unterstreiche die Fragewörter.

wann hier wieso dort wer was

drüben wo jetzt nun wie dann

9 Unterstreiche jeweils den Wortstamm.

Neubau Fahrer Abfahrt Spieler

spielen Bauer zurückfahren vorspielen

abbauen Rückfahrt

10 Suche vier Wörter zum Wortfeld *sprechen*.

__________ __________ __________ __________

11 Ergänze die richtigen Satzzeichen.

Komm her Wir gehen in den Wald Lies bitte lauter

Wo ist Peter Die Sonne scheint den ganzen Tag

Fahrt schneller Wer hat Kai gesehen

12 Unterstreiche den Satzgegenstand.

Mein Freund fährt mit dem Roller. Leider verpassten sie den Schulbus.

Heftig prasselte der Regen auf das Dach.

Die Kinder telefonieren seit Stunden. Hannes trägt einen Koffer.

13 Unterstreiche die Satzaussage.

Laura und Nora singen ein Lied. Vorgestern aß Hajo fünf Äpfel.

Der Hund kriecht unter das Sofa.

Du läufst zum Tor. Wir kommen später.

In der Wüste leuchten die Sterne besonders hell.

1. Die Bestandteile einer Erzählung

____

Gestern Morgen wollte ich im Wohnzimmer mit Hansi, unserem Wellensittich, spielen.

Ich machte die Käfigtür auf und lockte ihn. Aber Hansi wollte nicht herauskommen. Da klingelte es an der Haustür. „Das ist bestimmt Vera", dachte ich und lief zur Tür. „Komm herein! Wir können mit Hansi spielen", sagte ich. In diesem Augenblick fiel mir das Wohnzimmerfenster ein. O Schreck! Schnell lief ich zurück. Da saß er auf der Fensterbank. Mir stockte der Atem. Aber dann sah ich, dass das Fenster geschlossen war.

1 Wie mag die Geschichte zu Ende gehen? Ergänze den Schluss.

____

____

____

Eine Erzählung besteht aus **Einleitung**, **Hauptteil** und **Schluss**.

2 Beantworte die Fragen mit Hilfe der Einleitung.

a) Wo spielt die Geschichte? ______________________________

b) Wann spielt sie? ______________________________

c) Wer ist beteiligt? ______________________________

3 Kreise die Einleitung rot, den Hauptteil blau und den Schluss gelb ein.

4 Ergänze eine der folgenden Überschriften. Du kannst auch selbst eine erfinden.

Die offene Käfigtür

Noch einmal gut gegangen

So ein Schlingel

So ein Glück

Davongeflogen

Die Überschrift soll **neugierig** machen, aber nicht alles verraten.

5 Ergänze jeweils den zweiten Satzteil.

die neugierig macht

spannendste Augenblick

kurz sein

Einleitung, Hauptteil und Schluss

So erzähle ich ein Erlebnis:

a) Ich suche eine Überschrift, ______________________________.

b) Ich denke an die drei Teile: ______________________________

______________________________.

c) Einleitung und Schluss müssen ______________________________.

d) Im Hauptteil befindet sich der Höhepunkt. Das ist der ______________________________

______________________________ der Geschichte.

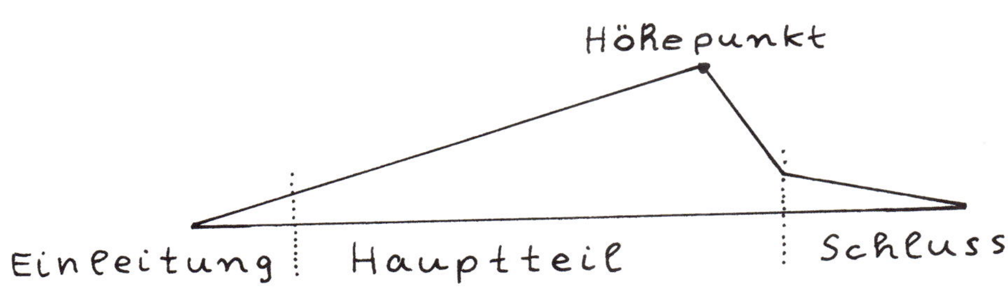

2. Bildgeschichte – den Höhepunkt ergänzen

1 Ergänze das dritte Bild.

2 Hier fehlt der aufregendste Teil der Geschichte. Erzähle, was passiert sein könnte.

In den Ferien fuhren Kai und Farida in einem Ruderboot auf den See.
Sie freuten sich, denn sie kamen schnell voran. Sie wollten zu einer kleinen Insel fahren und dort ein Picknick machen. Gerade wollte Farida ihrem Freund ein großes Schiff zeigen, als ...

Eine Stunde später saßen sie in dicke Decken gehüllt in ihrer Ferienwohnung. Da hatten die beiden noch einmal Glück gehabt!

3 Gib der Geschichte eine Überschrift.

Hier ist Ninos Geschichte zu diesen Bildern.

4 Kreise den Hauptteil rot ein.

Gefährlicher Ausflug

Hanna und Heiner sitzen an einem sonnigen Nachmittag im Ruderboot.
„Rudern ist einfach toll!“, ruft Heiner. „Ich könnte auch ewig so rudern“, lacht Hanna. „Schau mal, da drüben ist ein großes Schiff!“, ruft sie gleich darauf. Als Heiner nach dem Schiff schaut, verliert er ein Ruder. Schnell versucht er es wiederzuholen. Dabei verliert er auch das zweite Ruder. Hanna schreit vor Angst und will ihm helfen. Dabei neigt sich aber das Boot zu einer Seite und kippt um. Die beiden fallen ins Wasser. Zum Glück hat der Steuermann des großen Schiffes sie gesehen. Schon bald wurden sie gerettet und schnell nach Hause gebracht.

5 Unterstreiche die spannendsten Sätze im Hauptteil.

6 Beantworte mit *ja* oder *nein*.

a) Hat die Geschichte eine gute Einleitung? __________

b) Ist sie spannend erzählt? __________

c) Spürst du die Angst der Kinder? __________

d) Gebraucht Nino verschiedene Zeitwörter? __________

e) Verwendet er die wörtliche Rede? __________

f) Verwendet er immer dieselben Satzanfänge? __________

g) Findest du Ninos Geschichte gut? __________

Der **Hauptteil** führt zum **Höhepunkt** hin. Das ist die spannendste Stelle der Erzählung. Dann leiten wir zum Schluss über.

3. Eine Reizwortgeschichte

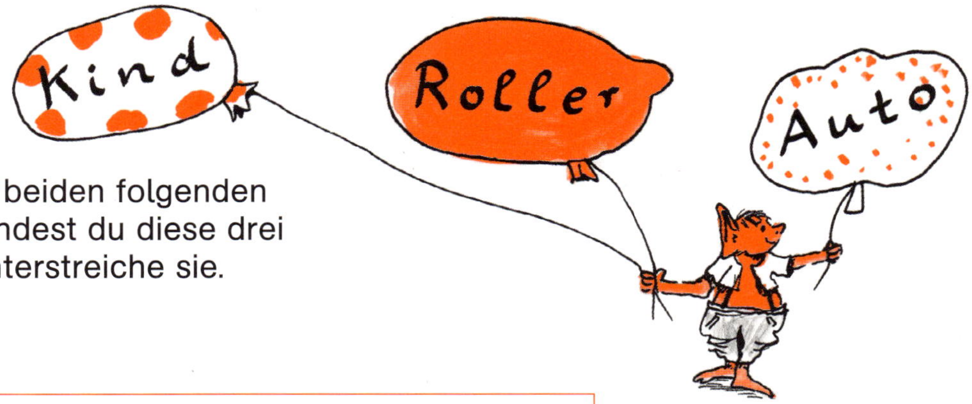

1 In welcher der beiden folgenden Geschichten findest du diese drei Reizwörter? Unterstreiche sie.

Lauras Erzählung:

Gestern ging Klaus mit seinem Hund auf der Glockenstraße spazieren.
Dann wollte er sich ein Eis kaufen. Dann sah er ein Kind auf einem neuen Roller vorbeisausen. So einen Roller hatte er sich auch immer gewünscht. Dann stürzte das Kind. Dann fiel es in eine Pfütze, und der Roller knallte gegen einen Baum. Dann lief Klaus hin und half dem Kind beim Aufstehen.
Zum Glück hatte es sich nicht verletzt. Auch der Roller war heil geblieben.

Donalds Erzählung:

Auf der Nordstraße fuhr ein Kind mit seinem roten Roller hin und her.
Es fuhr ganz schnell und klingelte. Gerade überquerte es die Fahrbahn, als es einen kleinen Hund sah. „Hallo, Timmi, was machst du denn hier?“ fragte es erstaunt, ließ den Roller fallen und lief zu dem Hund. Plötzlich kam ein großes Auto um die Ecke. Bums, stieß es gegen den Roller. O je, der schöne Roller! Er wurde dabei ziemlich beschädigt.
Aber das Kind hatte Glück. Es bekam nur einen großen Schreck und weinte bitterlich.

2 Gib Donalds Erzählung eine Überschrift.

3 Unterstreiche bei Donald die Zeitwörter.

Treffende Zeitwörter machen eine Erzählung lebendig.

4 Beantworte die Fragen zu Donalds Erzählung. Kreuze dazu *ja* oder *nein* an.

	ja	nein
a) Spielen die drei Reizwörter in Donalds Geschichte eine wichtige Rolle?	X	
b) Verwendet er Fragen und Ausrufesätze?		
c) Gebraucht er die wörtliche Rede?		
d) Erzählt er spannend?		
e) Verwendet er immer dieselben Satzanfänge?		
f) Kannst du dir die Geschichte gut vorstellen?		

5 Schau dir noch einmal Lauras Erzählung an.

a) Welches Reizwort fehlt bei ihr? ____________________

b) Mit welchem Wort fangen die meisten Sätze an? ____________________

c) Wähle drei *Dann-Sätze* aus und ersetze sie durch Sätze ohne *Dann*.
Dazu musst du sie nur ein wenig umstellen.

____

____

____

____

____

____

____

Wir achten beim Erzählen auf **verschiedene Satzanfänge**.

4. Eine Erzählung begutachten

1 Gib der Geschichte eine Überschrift.

____

In den Ferien besuchten Felix und Carola das Burgmuseum. Sie betrachteten alles ganz genau.

Nach zwei Stunden hatten sie alles gesehen. „Halt! Da ist ja noch eine Tapetentür!“, rief Felix und öffnete sie vorsichtig. „In dem winzigen Raum steht ja nur eine kleine Kiste!“, meinte Carola enttäuscht. Aber schon sprang Felix hin und öffnete sie. Carola blieb ängstlich an der offenen Tür stehen. Neugierig reckte sie den Hals. Felix hob den Deckel hoch. Hui, da sprang mit lautem Gekreische ein weißes Gespenst heraus. „Hilfe, Hilfe!“, schrie Felix und rannte zur Tür. Als er zurückschaute, las er auf dem Gespensterkleid: „Überraschung für neugierige Besucher“.
Da mussten beide lachen. So ein Gespenst wollten sie zu Hause auch basteln.

2 Beantworte die Fragen mit *ja* oder *nein*.

a) Stehen hier immer dieselben Zeitwörter? ____________

b) Werden treffende Eigenschaftswörter gebraucht? ____________

c) Wird die wörtliche Rede verwendet? ____________

d) Hat die Geschichte Einleitung und Schluss? ____________

e) Sind die Satzanfänge immer gleich? ____________

3 Zeichne dazu eine Bildgeschichte.

5. Eine Erzählung schreiben

- an Einleitung, Hauptteil, Schluss denken
- Fragen und Ausrufe gebrauchen
- die wörtliche Rede verwenden
- treffende Ausdrücke gebrauchen
- gleiche Satzanfänge vermeiden

4 Hier fehlen Anfang und Ende der Geschichte. Ergänze sie.

____

____

____

____

____

„Hier ist ja ein Geheimgang!“, flüstert Maria und geht ein paar Schritte hinein. Florian folgt ängstlich. Es tropft von den Wänden, und es riecht feucht. Ihre Schritte klingen hohl. Die beiden frieren.

Da hören sie ______________________________

____

____

____

____

____

____

____

____

____

1. Einen Merkzettel schreiben

Die Klasse 3b muss sich heute viel merken. Die Lehrerin, Frau Schulz, erinnert die Kinder: „Denkt daran, morgen euer Lieblingsbuch mitzubringen und vergesst nicht, die Geschichte „Kasperle auf Reisen“ noch einmal zu lesen. Denkt auch an Nadel, Garn und Schere, damit wir das angefangene Stickbildchen weitermachen können. Wer die Mathematikaufgaben noch nicht gemacht hat, muss noch Seite 120 Nummer 2 und 3 rechnen. Vergesst auch nicht das Schwimmzeug! Morgen ist ja nach der 4. Stunde der Schwimmwettkampf.“

1 Unterstreiche das, was getan und mitgebracht werden muss.

2 Joana will sich das Wichtigste notieren. Hilf ihr dabei.

a) Lieblingsbuch mitbringen

b) ______________________________

c) ______________________________

d) ______________________________

e) ______________________________

2. Tagebuch-Notizen

2 Mark genießt seine Ferien. Das hat er alles am ersten Ferientag getan.

a) Zuerst hat er für seine Oma im Supermarkt eingekauft.
b) In der Buchhandlung hat er ein bestelltes Buch abgeholt.
c) Dann hat er mit Jan sein Fahrrad geflickt. Am Mittag waren sie endlich fertig damit.
d) Nach dem Essen hat er Peter abgeholt.
e) Zusammen sind sie zum Fußballklub gegangen. Unterwegs haben sie viel Spaß gehabt.
f) Gegen Abend hat er die Schildkröte gefüttert.
g) um 18.30 Uhr konnte er endlich seine Lieblingssendung im Fernsehen anschauen.
Puh, was für ein Tag!

2 Mark hat sich ein Ferientagebuch angelegt. Nun notiert er sich kurz, was er heute getan hat.

a) im Supermarkt eingekauft
b) ______________________________
c) ______________________________
d) ______________________________
e) ______________________________
f) ______________________________
g) ______________________________

3 Vielleicht hast du auch Lust, ein Tagebuch anzulegen. Natürlich kannst du auch alles ganz ausführlich darin aufschreiben.

3. Rezepte

1 Patrick will Gurkensalat machen. Dazu braucht er verschiedene Sachen. Ordne sie.

Geräte	**Zutaten**
Salatschüssel,	Öl,
__________	__________
__________	__________
__________	__________
__________	__________
__________	__________

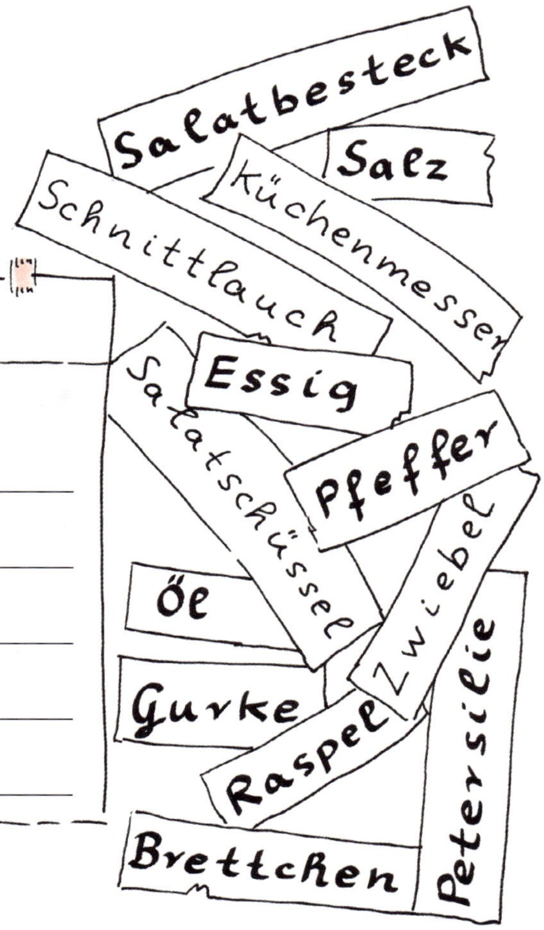

2 Seine Mutter sagt ihm, was er tun soll. Unterstreiche die Zeitwörter.

a) Zuerst streust du einen halben Teelöffel Salz und ein wenig Pfeffer in die Schüssel.

b) Dann gießt du einen Esslöffel Öl und einen halben Esslöffel Essig dazu.

c) Vorsichtig schneidest du die Zwiebel klein.

d) Jetzt hackst du die Petersilie und den Schnittlauch in kleine Stücke.

e) Das alles gibst du in die Salatsoße hinein.

f) Nun rührst du die Soße um.

g) Die Gurke zerkleinerst du mit der Rsapel.

h) Zum Schluss vermischst du alles mit dem Salatbesteck. Fertig ist der Salat!

Damit Peter sich später den Salat alleine zubereiten kann, schreibt die Mutter genau auf, was er tun muss.

3 Setze die Zeitwörter aus Aufgabe 2 hier so ein.

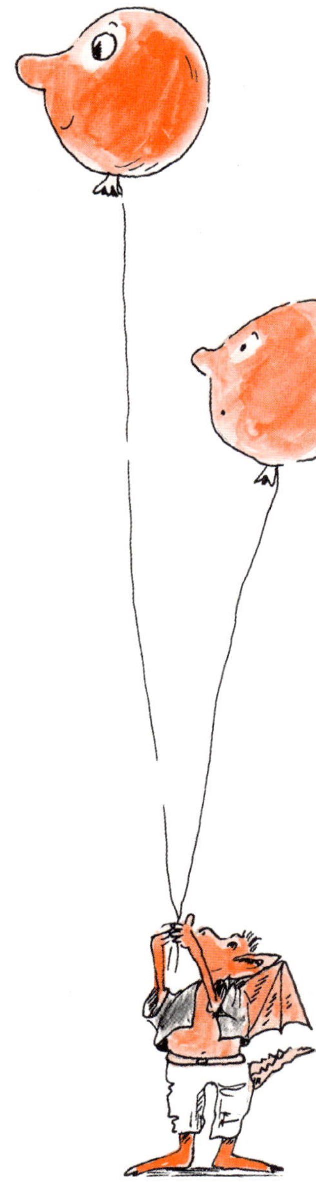

a) Streue einen halben Teelöffel Salz und ein wenig Pfeffer in die Schüssel.

b) ____________ einen Esslöffel Öl und einen halben Esslöffel Essig dazu.

c) ______________ vorsichtig die Zwiebel klein.

d) ____________ Petersilie und Schnittlauch in kleine Stücke.

e) ____________ das alles in die Salatsoße hinein.

f) ____________ die Soße um.

g) _________________ die Gurke mit der Raspel.

h) _________________ zum Schluss alles mit dem Salatbesteck. Fertig ist der Gurkensalat!

Treffende Zeitwörter sind bei Rezepten und Anleitungen wichtig.

4. Eine Bastelanleitung

1 Lena bastelt einen Clownbleistift. Hier siehst du, was sie dazu braucht. Verbinde die Namen mit den Bildern.

Styroporkugel (3–5 cm dick)

Wollreste

Alleskleber

Messer

Filzstift

Bleistift

Schere

schmaler Streifen Krepppapier

2 Und das muss Lena tun. Ergänze die fehlenden Ausdrücke.

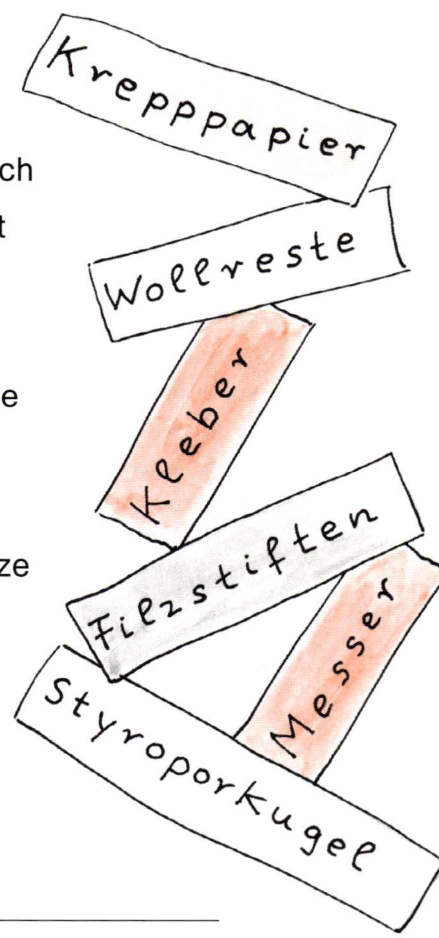

a) Mit einem kleinen ______________ vorsichtig ein Loch in die __________________________ schneiden, damit der Bleistift hineingesteckt werden kann.

b) Mit bunten __________________ ein Gesicht auf die Kugel malen.

c) Für die Haare alte __________________ in viele kurze Stücke schneiden.

d) Mit ______________ die Wollfäden an der Kugel festkleben.

e) Zum Schluss einen schmalen Streifen __________________________ zu einer Schleife um den Bleistift binden.

Die **richtigen Fachausdrücke** sind bei Anleitungen und Rezepten wichtig.

5. Eine Vorgangsbeschreibung

Später beschreibt Lena ihrer Freundin, wie sie einen Clownbleistift bastelt.

1 Aber ihre Freundin versteht gar nichts! Warum nicht? Was stimmt an Lenas folgender Beschreibung nicht?

____

____

____

So bastle ich einen Clownbleistift:

____ Zum Schluss binde ich einen Streifen Krepppapier zu einer Schleife um den Bleistift.

____ Mit Alleskleber klebe ich die Fäden fest.

____ Für die Haare schneide ich Wollreste in kurze Stücke.

____ Ich male mit bunten Filzstiften ein Gesicht auf die Kugel.

____ Mit dem kleinen Messer schneide ich vorsichtig ein Loch in die Styroporkugel, damit der Bleistift hineingesteckt werden kann.

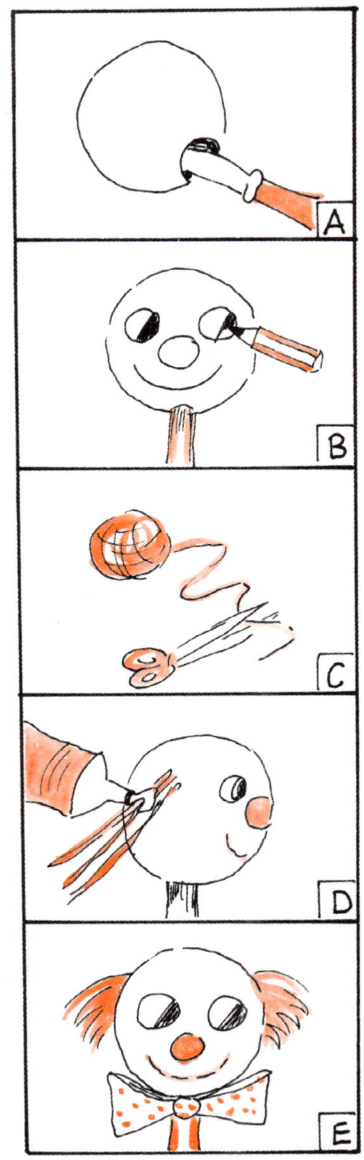

2 Nummeriere die Sätze in der richtigen Reihenfolge. Verbinde sie dann mit dem passenden Bild.

> Vorgangsbeschreibungen müssen wie Rezepte und Anleitungen in der richtigen Reihenfolge gegeben werden.

6. Beobachtungen aufschreiben

Seit einigen Tagen beobachten Alex und Mara das Wetter.

1 Lies, was Mara dazu aufgeschrieben hat:

Am **Montag** hat es geregnet. Es war sehr windig. Die Temperatur betrug 20° (Grad).

Am **Dienstag** gab es keine Wolken. Die Sonne schien. Es war 25° warm und der Wind war sehr schwach.

Am **Mittwoch** gab es mehrere Gewitter. Wir hatten danach 18° und heftigen Wind.

Am **Donnerstag** wehte immer noch ein heftiger Wind und es regnete. Wir hatten nur 15°.

Am **Freitag** war kein Wind. Die Sonne strahlte. Es waren fast 25°.

2 Alex legt eine Tabelle dazu an. Zeichne die Tabelle zu Ende. Die Bilder ganz unten helfen dir dabei.

	Wolken	Temperatur	Wind
Mo		20°	
Di			
Mi			
Do			
Fr			

sehr windig

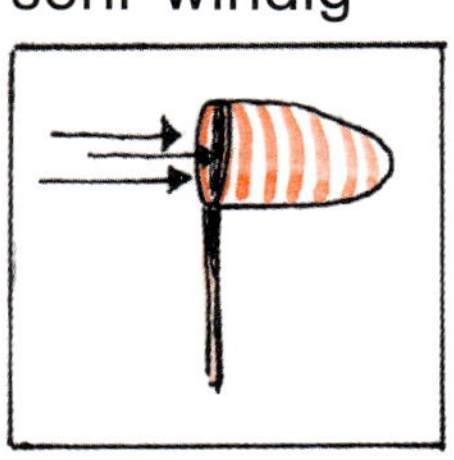

schwach windig

kein Wind

wolkig

sonnig

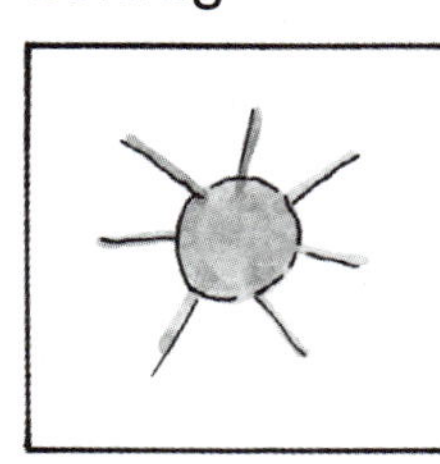

Regen

Gewitter

teils sonnig/teils wolkig

Beobachtungen können manchmal auch als Zeichen wiedergegeben werden.

7. Einen Bericht abgeben

Gegen Baum gefahren

Am Dienstag um 7.45 Uhr überquerte Rudi auf der Berliner Straße die Fahrbahn, um seinen Freund Florian zu überraschen. Dabei übersah er einen roten Personenwagen, der sich von links näherte. Der Fahrer bremste und versuchte auszuweichen. Dabei fuhr er gegen einen Baum. Rudi und der Fahrer kamen mit dem Schrecken davon, aber der Wagen wurde ziemlich beschädigt.

1 Lies den Unfallbericht sorgfältig durch, und beantworte folgende Fragen:

a) **Wann** fand der Unfall statt? ______________________

b) **Wo** fand er statt? ______________________

c) **Wer** war beteiligt? ______________________

d) **Wie** kam es zu dem Unfall? ______________________

____

Ein guter Bericht gibt Antwort auf diese **fünf Fragen**: **Wann? Wo? Wer? Wie? Welche Folgen?** Eigene Gedanken und Gefühle gehören nicht hinein.

2 Streiche in Michaels Bericht die drei Sätze durch, die dort nicht hineingehören.

Am Mittwoch bog gegen 8.00 Uhr ein Autofahrer mit seinem PKW von der Maistraße in die Mozartstraße. Dort spiele ich immer besonders gern. Dabei übersah er einen jungen Mann, der ihm auf der Maistraße auf einem Moped entgegenkam. Ich fand, dass sein grasgrüner Helm sehr hübsch aussah. Es kam zu einem Zusammenstoß. Moped und Auto wurden stark beschädigt. Der Mopedfahrer wurde verletzt und musste ins Krankenhaus gebracht werden. Er tat mir sehr leid.

8. Einen Brief schreiben

Mona beschließt, ihrer Oma in einem Brief von einem Klassenausflug zu erzählen.

1 Setze die Zeitwörter in der Vergangenheit in den Brief ein.

Mona Herten
Bankstr. 4
40477 Düsseldorf

12.06.1999

Liebe Oma!

Gestern ____________ ich mit meiner Klasse einen schönen Ausflug. Wir ____________ mit unserer Lehrerin Frau Keppler durch einen herrlichen Kiefernwald. Dort ____________ wir viel über Bäume und Vögel. Plötzlich ____________ zwei Rehe über den Weg. Darüber ____________ wir uns alle sehr. Später ____________ wir auf einer Waldwiese. Dort ____________ wir spielen. Zum Schluss ____________ wir unsere Brote. Nach dem Essen ____________ wir mit einem Bus nach Hause.

Ich hoffe, es geht dir gut. Komm uns bald wieder besuchen.

Sei herzlichst gegrüßt,

deine Mona

2 Kreise Absender, Datum, Anrede, Gruß und Unterschrift rot ein.

3 Kreise den eigentlichen Brieftext in Monas Brief blau ein.

4 Schreibe die sechs Teile auf, aus denen ein Brief oder eine Postkarte besteht.

a) Abs ______________

b) D ______________

c) ______________

d) ______________

e) ______________

f) ______________

5 Schreibe Monas Anschrift als Absender auf diese Postkarte. Erfinde eine Adresse für Monas Oma.

6 Zeichne oder klebe eine Briefmarke darauf.

Absender:

____
Name

____
Straße Hausnummer

____
Postleitzahl Ort

Empfänger:

____
Name

____
Straße Hausnummer

____
Postleitzahl Bestimmungsort

9. Eine Einladung schreiben

Auch Einladungen bestehen aus den sechs Briefteilen: Absender, Datum, Anrede, Text, Abschlussgruß, Unterschrift.

1 Ergänze die fehlenden Teile bei dieser Einladung.

____

____

____

____

____

Hiermit lade ich dich herzlich zu meiner Geburtstagsfeier am 24.1.2000 um 15 Uhr ein. Sie findet hier in unserer Wohnung statt und endet um 18 Uhr. Ich freue mich, wenn du kommst.

Liebe Grüße,

____

2 Beantworte die Fragen.

a) **Wozu** wird eingeladen? ____________________

b) **Wo** findet die Feier statt? ____________________

c) **Wann** ist die Feier? (Tag und Uhrzeit) ____________________

Eine Einladung muss diese drei Fragen (**Wozu? Wo? Wann?**) genau beantworten.

10. Gegenstände beschreiben

1 Vergleiche die beiden Suchanzeigen. Welche Turnschuhe kannst du dir besser vorstellen?

(1)

Turnschuhe verloren!

Sie sind aus weißem Stoff mit je zwei blauen Streifen. An der Ferse sind je vier blaue Noppen. Die Sohlen sind blau und ganz flach. Die Schnürsenkel sind dick und rot. Auf dem rechten Schuh ist ein kleiner bunter Aufkleber. Bitte abgeben bei

Nora Weiß, 3b

(2)

Turnschuhe verloren!

Ich suche meine blauweißen Turnschuhe. Es waren meine Lieblingsschuhe. Bitte abgeben bei

Jürgen Flausch, 3 c

2 Kreise die bessere Suchanzeige rot an.

Bei Gegenstandsbeschreibungen musst du Einzelteile richtig benennen und genau beschreiben. Bilde kurze, verständliche Sätze.

3 Beschreibe deine Lieblingsschuhe. Dann bitte ein anderes Kind, sie nach deiner Beschreibung zu malen.

11. Tiere beschreiben

1 Male das Tierrätsel an, das du lösen kannst.

a) Mein Lieblingstier ist ganz schwarz. Es hat nur am Schwanzende ist einen kleinen weißen Fleck. Es hat zwei goldene Augen, die im Dunklen leuchten. Es kann ganz leise schleichen. Es macht einen Buckel und faucht bei Gefahr. Mein Lieblingstier ist eine ______________.

b) Mein Lieblingstier ist ziemlich klein. Es frisst gerne viel und hat hübsche schwarze Augen. Ich mag es sehr. Es ist ein ______________.

2 Aber auch das eingerahmte Tierrätsel muss noch verbessert werden. Kreuze an, was bei dieser Beschreibung stört.

- falsche Reihenfolge ☐
- gleiche Satzanfänge ☐
- gleiche Eigenschaftswörter ☐

3 Schreibe diese Beschreibung noch einmal. Verändere dabei die Sätze so, dass die Satzanfänge verschieden sind.

Beschreibungen sollten **verschiedene Satzanfänge** haben.

12. Personen beschreiben

1 Jan hat einen ganz besonderen Freund, den Clown Pepino. Und so beschreibt ihn Jan. Versuche, den Clown nach Jans Beschreibung anzumalen.

Pepino ist ein fröhlicher Clown mit einer roten Nase und hübschen, blauen Augen. Auf seinem knallroten Haar trägt er einen kleinen, schwarzen Hut mit einer gelben Blume. Um den Hals hat er eine Schleife gebunden, die genauso hellblau ist wie seine lange Hose und seine riesigen Schuhe. Sein Hemd ist gelb. Am liebsten macht er Musik auf seiner grünen Ziehharmonika.

2 Unterstreiche oben alle 13 Eigenschaftswörter.

Treffende Eigenschaftswörter und **genaue Bezeichnungen** sind wichtig.

3 Beschreibe dich selbst in Stichworten.

a) Größe: ______________________________

b) Haare: ______________________________

c) Augen: ______________________________

d) Gesicht: ______________________________

e) Kleidung: ______________________________

f) Lieblingsbeschäftigung: ______________________________

Eine Personenbeschreibung sollte **möglichst genau** sein, damit man sich die Person gut vorstellen kann.

1. Treffende Zeitwörter

1 Ulla erzählt ihrer Freundin, was ihr Bruder gestern alles zu tun hatte. Lies den Text.

a) Zuerst machte Kalle seine Matheaufgaben.

b) Dann machte er einen Aufsatz über seinen Hamster.

c) Anschließend machte er ein schönes Bild von unserer Stadt.

d) Um 17 Uhr konnte er endlich seine Legoburg weitermachen.

e) Später half er Großvater das Gras im Garten zu machen.

f) Bevor Kalle ins Bett ging, machte er seine Spielsachen weg.

g) Todmüde kuschelte er sich schließlich ins Bett, der arme Kalle.

2 Welches Zeitwort hat Ulla fast in jedem Satz gebraucht? ______________________

3 Streiche dieses Wort in jedem Satz durch, und schreibe ein passenderes darüber. Der kleine Drache oben hilft dir dabei.

Vermeide langweilige Zeitwörter wie *machen, sagen, tun*. **Treffende Zeitwörter** machen eine Geschichte interessanter.

2. Passende Eigenschaftswörter

Es gibt rote Äpfel, rote Paprika, rote Blätter und rote Bonbons.

Aber jedes Rot ist anders. Wie rot ist dein Pullover, dein Schal oder deine Mütze?

Wenn du etwas **genau** beschreiben willst, bilde **zusammengesetzte Eigenschaftswörter**.

1 Welche Farbe haben diese Sachen?
Schreibe so:

a) Mein Pulli ist gelb wie eine Zitrone. Er ist zitronengelb.

b) Mein Haar ist gelb wie Stroh. Es ist ____________________.

c) Mein Apfel ist grün wie Gras. Er ist ____________________.

d) Meine Jacke ist blau wie der Himmel. Sie ist ____________________.

e) Meine Bluse ist rot wie Blut. Sie ist ____________________.

f) Meine Strümpfe sind weiß wie Schnee. Sie sind ____________________.

2 Wie ist es genau? Schreibe so:

a) Mein Freund ist so stark wie ein Bär. Er ist bärenstark.

b) Unser Birnbaum ist so hoch wie ein Haus. Er ist ____________________.

c) Gras kann so scharf wie ein Messer sein. Es ist ____________________.

d) Meine Knete ist hart wie Stein. Sie ist ____________________.

e) Mein Kissen ist weich wie Butter. Es ist ____________________.

TEST: Aufsatz

1 Aus welchen Teilen besteht ein Aufsatz?

a) ______________________

b) ______________________

c) ______________________

2 In welchem dieser Teile steht der Höhepunkt der Erzählung?

Im ______________________

3 Kreuze an, was die Überschrift tun soll.

☐ Sie soll den Leser neugierig machen.

☐ Sie soll dem Leser das Wichtigste verraten.

4 Was macht eine Erzählung lebendig? Kreuze an.

☐ Treffende Zeitwörter

☐ Immer dieselben Zeitwörter

5 Was ist langweiliger? Kreuze an.

☐ Verschiedene Satzanfänge

☐ Immer dieselben Satzanfänge

6 Darf in Erzählungen die wörtliche Rede gebraucht werden? Ja oder nein?

____

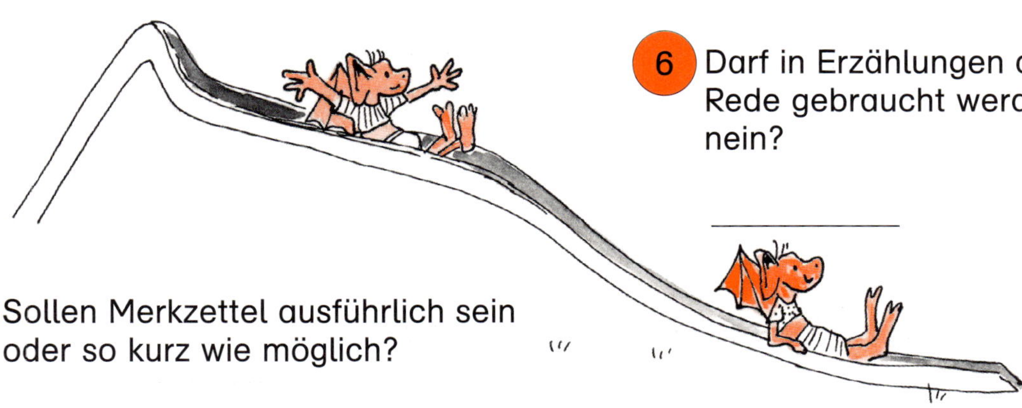

7 Sollen Merkzettel ausführlich sein oder so kurz wie möglich?

____

8 Sind bei Rezepten und Anleitungen treffende Wörter wichtig?

ja ☐ nein ☐

9 Ist die richtige Reihenfolge bei Vorgangsbeschreibungen wichtig? Warum?

____

____

10 Male die fünf Fragen gelb an, auf die ein Bericht Antwort gibt.

- Wer war daran beteiligt?
- Wann fand der Unfall statt?
- Wie war das Wetter?
- Wer hat das gewusst?
- Welche Folgen hat er?
- Wo fand er statt?
- Was machen wir morgen?
- Wie kam es dazu?

11 Male rot an, was uns eine Einladung mitteilt.

- das Wetter von morgen
- den Grund der Feier
- die Namen aller Teilnehmer
- den Ort der Feier
- den Zeitpunkt der Feier

12 Stimmt das? Antworte mit *ja* oder *nein*.

a) Bei Beschreibungen müssen die Einzelteile richtig benannt werden. __________

b) Es müssen treffende Eigenschaftswörter gebraucht werden. __________

c) Es sollen lange und umständliche Sätze geschrieben werden. __________

Überblick über wichtige Begriffe aus der Grammatik
(deutsch/lateinisch)

Deutsche Begriffe	**Beispiele**	**Lateinische Begriffe**
Namenwort, Hauptwort	das Haus	Nomen, Substantiv
Einzahl des Namenwortes	das Haus	Singular
Mehrzahl des Namenwortes	die Häuser	Plural
Zeitwort, Tunwort, Tätigkeitswort	gehen	Verb
Grundform des Zeitwortes	gehen	Infinitiv
Befehlsform des Zeitwortes	Geh! Geht!	Imperativ
Eigenschaftswort, Wiewort	schnell	Adjektiv
Steigerung: Grundstufe	schnell	
1. Vergleichsstufe (Höherstufe)	schneller	Komparativ
2. Vergleichsstufe (Höchststufe)	am schnellsten	Superlativ
Begleiter, Geschlechtswort	ein, eine, der, die, das	Artikel
Fürwort, Stellvertreter	er, sie, ihr, sein, ...	Pronomen
Verhältniswort	auf, im, unter ...	Präposition
Zahlwort	sechs, viele, manche ...	Numerale
Bindewort	da, weil, aber ...	Konjunktion
Selbstlaut	a, e, i, o, u	Vokal
Mitlaut	t, f, k, m ...	Konsonant
Gegenwart	ich gehe	Präsens
Vergangenheit	ich ging	Imperfekt, Präteritum
Zukunft	ich werde gehen	Futur
Vollendete Gegenwart	ich bin gegangen	Perfekt
Vollendete Vergangenheit	ich war gegangen	Plusquamperfekt
Satzgegenstand	Kai liest ein Buch.	Subjekt
Satzaussage	Kai liest ein Buch.	Prädikat